III\ 见识城邦

更新知识地图　拓展认知边界

人间烟火

掩埋在历史里的日常与人生

赵冬梅 著

中信出版集团 | 北京

图书在版编目（CIP）数据

人间烟火：掩埋在历史里的日常与人生 / 赵冬梅著
. -- 北京：中信出版社，2021.4（2022.10 重印）
ISBN 978-7-5217-2388-5

Ⅰ. ①人… Ⅱ. ①赵… Ⅲ. ①社会生活－生活史－中国－古代 Ⅳ. ① D691.9

中国版本图书馆 CIP 数据核字 (2020) 第 209317 号

人间烟火——掩埋在历史里的日常与人生

著　　者：赵冬梅
出版发行：中信出版集团股份有限公司
（北京市朝阳区惠新东街甲 4 号富盛大厦 2 座　　邮编　100029）
承 印 者：河北鹏润印刷有限公司

开　　本：787mm×1092mm　1/16　　印　　张：16.25　　字　　数：203 千字
版　　次：2021 年 4 月第 1 版　　印　　次：2022 年 10月第 9 次印刷
书　　号：ISBN 978-7-5217-2388-5
定　　价：98.00 元

人间烟火

目录

序 人生代代无穷已，两种日常达古今

所谓“日常生活”，是由“日常”与“生活”两个词构成。

“日常”是指按照常规或者在一般情况下会遭遇、发生的一切，其实，日常与历史记载是“八字不合”的。现代新闻界流行一句话，“狗咬人不是新闻，人咬狗才是”。这种说法固然极端，却也说明了传媒的本质——求新猎奇，抓人眼球，追求点击率。就像现代传媒一样，传统的历史记载也倾向于记录那些不同寻常的突发事件和重大转折，比如“崔杼弑其君”，以及大人物的重要言行，比如“唐太宗君臣论治”。一般的狗咬人当然不是新闻，但如果大人物的狗咬了大人物，或许就是新闻了——对象的不同寻常也可以赋予寻常事物不寻常的意义。普通人喝酒唱歌属于日常，而赵王为秦王鼓瑟，秦王为赵王击缶，就属于由外交活动引发的政治事件，因为这关乎国家体面，甚至秦赵两国关系的走向。而永和九年春那一场曲水流觞的兰亭盛会，则因王羲之的绝妙书法被赋予了崇高的美学和文学意义而得以流传。传统历史记载中，如果没有重要人物、重大事件加持，“日常”是看不见的。“日常”就像阳光、空气和水，它与生命同在，却与历史记载求新、求异的传统追求相左。

“日常”在历史记载中多有缺失。举个例子，通常我们读到的思想史由两部分组成，一是重要思想家的生平，一是重要作品的介绍和重要理论的解读。除此之外，那个时代一般性的思想状况——大多数人想什么、信什么，基本是缺失的。好比对中国地貌的介绍，只介绍一千米以上的山峰和峰顶的无限风光，一千米

图一：元 赵孟頫 《兰亭修禊图》（局部）

《兰亭修禊图》，元代赵孟頫（款），257 厘米 ×23 厘米，手卷，设色绢本，现藏美国大都会艺术博物馆。被誉为“天下第一行书”的《兰亭序》中有这样一句话：“后之视今，亦犹今之视昔。”为何后世有这么多人喜欢《兰亭序》？不仅因其书法造诣高深，更因文中将兰亭雅集的高雅意境表现得淋漓尽致：1600 多年前的那个春天，王羲之与谢安等 40 位好朋友齐聚山阴兰亭，临水禊祭。自古有“三月三日曲水会，古禊祭也”。从序文不难看出，此次雅集不只是行禊祭之礼，更是社会名士以文、以酒会友，吟诗作赋，尽唱和之雅兴。他们将酒杯放入水中，让其随水漂流，漂到谁面前，谁就将其捞起饮尽，而后赋诗一首。画中既有酒杯点心，又备有笔墨纸砚，有的朋友坐久了就起身伸个懒腰，春天的气息便从画中扑面而来。

以下的地貌一概阙如。当时的记录者之所以忽略了日常，是因为那是家喻户晓的，不认为有说明、记录的必要。可是对现代读者来说，古人的“不言而喻”却早已变得完全陌生——过去是一个外国。现代化进程，特别是我们这种后发国家追赶型的现代化进程，已经严重割裂了现代与传统。对现代读者来说，传统的“日常”是需要深入研究才能弄清楚的。对“日常”的关注，是近年来史学的重要进步之一。而如何从传统记载中把“日常”打捞出来，则是历史学者的专门技艺。能够说清楚的，是历史学在转变，开始从传统史学的套子里跳出来，立足现代向过去提问，关注日常，关注普通。这是一个重要的进步。

中文中的“生活”这一概念，泛指一切与饮食起居相关的情况、境遇，也可以指个体生命从生到死的遭遇。“日常生活”是所有日常中最寻常、最普通的。我把日常生活简单地分为两种：一种是“生活的日常”，

图二：唐 孙位 《高逸图》之刘伶饮酒

《高逸图》，唐代孙位绘，168.7 厘米 ×45.2 厘米，绢本设色，现藏上海博物馆。《高逸图》是孙位唯一传世的作品，也是目前为数不多的几件唐代绢本作品之一。该画描绘的是魏晋时期的“竹林七贤”，现存已残缺，经考证仅存山涛、王戎、刘伶与阮籍。此画面中即是“天下第一酒鬼”刘伶，据说其每饮必醉，每醉必吐，吐又复饮。画面中呈现的即为其醉后将吐酒的样子，其身后的童子手捧一个壶正准备接他吐的酒。虽已喝吐，但他依旧手捧六角酒杯，似乎准备继续喝，果然是“天下第一酒鬼”。而且他有个颇为任性的行为：每出门游玩都命童仆扛个锄头，并告知，若我喝死了，就随便挖个坑将我埋了，由此可见魏晋名士刘伶看淡生死的那种洒脱与不羁。

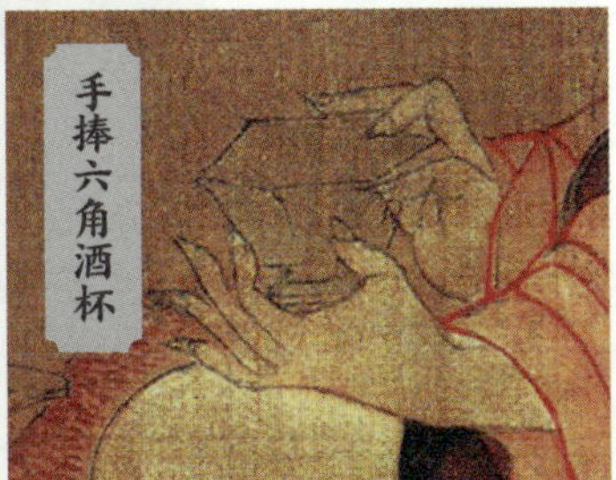

即所谓“寻常日用”，包括衣、食、住、行、休闲娱乐。在“生活的日常”中，我们关心古人物质条件和生活习俗的演变，关注变化的实相与原因——刘伶“千杯不醉”，李白“斗酒诗百篇”，是因为他们所处的时代还没有蒸馏酒，酒精度太低了。刘伶与李白酒量如何，得拿一瓶二锅头试试才知道。汉文帝听贾谊讲课，听得动心不觉“前席”，因为他们都跪坐在席子上。李商隐有诗咏贾谊：“可怜夜半虚前席，不问苍生问鬼神。”“可怜夜半虚前席”是说皇帝听着听着不知不觉地往前蹭，只可惜蹭也白蹭——“不问苍生问鬼神”，那个“虚”字着落在这里，强调的是贾谊的抱负与皇帝兴趣之间的巨大落差，而不是让席子空着。从席地而坐到高桌大椅垂足而坐的变化，发生在由唐到宋的几百年中。这是“生活的日常”。

另一种“日常生活”是“生命的日常”，我们关注人的生命轨迹，对同样挣扎在理想与现实之间的古代的人们投注理解与同情。在任何时代，当一个新生命诞生，父母等亲人都会为孩子祈祷——不求大富大贵，但愿平安顺遂，“平安顺遂”就是希望孩子能过上平凡朴素的生活。然而，一个简单的“平安顺遂”所包含的内容却千差万别。首先，性别不同，平安顺遂的内容不同，在传统时代，性别对生命的限制要远远超过现代。其次，性别相同，时代不同，平安顺遂的内容也不同。比如，在整个传统中国，除非垂帘听政、出家或者当妓女，女性进入公共领域的可能性基本为零；12世纪后期以降，大多数华夏女子还要忍受缠足之痛。又比如，宋代以前，父亲是谁比儿子有怎样的成就更重要；到了宋朝，一个男人的父亲是谁对他的前途而言，就变得没有那么重要了，更重要的是这个男人是否会读书。书念得好，“朝为田舍郎，暮登天子堂”绝非黄粱一梦，这是因为有了更为开放的科举制度。最后，性别相同，时代相同，社会阶层不同，平安顺遂的内容也不同。魏晋时期，王谢高门子弟的平安顺遂除了褒衣博带、“目送归鸿，手挥五弦”的潇洒优雅外，还要承担维护家族地位的责任，关键时刻必须能承担起政治责任；而同时代，一个士兵之子的平安顺遂就是平安地活下去，不要太早战死。

“生命的日常”更多地受到政治、制度与思想文化的限制。在任何时代，无论男女、阶层，平凡而幸福地过一生并非一桩易事。尽管我们每天会在发达的网络平台上看到很多不尽如人意的消息，但我们绝对不

图三：明 唐寅 《听琴图》（局部）

《听琴图》，明代唐寅绘，现藏美国克利夫兰美术馆。画面展现的是一位雅士正在极目远眺、专心抚琴。因抚琴者心无旁骛地拨弦时，琴声最是动听，所以后面几位文士为了不叨扰抚琴者，或趋步或侧耳，蹑手蹑脚、小心翼翼地偷听悠扬的琴声。从画中几案上的烛台可知，此场景发生在夜晚。国画展现夜晚，通常会借助其他符号或意象来表达，而不会画成黑漆漆的一团。嵇康有诗云："目送归鸿，手挥五弦。"顾恺之则从绘画角度进一步生发："手挥五弦易，目送归鸿难。"意为要画出手拨五弦的样子较容易，毕竟这是种客观呈现；难的是要画出目送归鸿的深沉意境。中国画重写意，写实次之。我们还看到画面中一段残缺的墙垣上覆满茅草，并以瓦片压实，这是为防止断壁久淋雨水倾塌做的一项保护措施。朴实而真实的画面，充分展现了古代文人雅士虽居陋室，却依旧能保持高雅意趣的情怀。

是史上最可怜的一个群体。处在时势的裹挟之中，在制度的规定之中，在自己欲望的驱使之下，在海量信息供给的当下，我们更可能是史上最知情的群体。通过探究“生命的日常”，我们看一看古人如何度过人生，体味生命。

2018 年是改革开放四十周年，北京大学的张维迎教授发表了一篇纪念文章——《我所经历的三次工业革命》，文中回忆了他的个人生活在四十年中所经历的变化。在我看来，这就是一部简短的改革开放时代的日常生活史。一个人从二十岁到六十岁，以四十年的时间跨度，完整经历了三次工业革命：高中之前，家里照明靠油灯，他晚上读书打瞌睡，第二天就得顶着一缕烧焦的头发去上学；到县城上高中，他第一次见到了电灯，并于 1995 年和朋友们筹款四万多元，给村里通上了电；然后，他看着通了电的村庄不断吸收着工业革命的成果——购买各种电器，甚至用上了自来水。人类日常生活如此高密度地快速变化，只能发生在当代中国这样积极进取、勇于改革的后发现代化国家。它有两个前提条件：第一，后发者有前例可循，有榜样可学，无须太多创造，只要肯学习；第二，我们肯学习，见贤思齐，有谦卑的态度和开放的心胸，有容德乃大。

传统时期的日常生活，从某些角度看几乎是静止的。比如 1900 年前后，法国摄影师方苏雅在云南拍到的独轮车，跟汉代画像石上的没什么两样。而在某些偏远地方，这种独轮车可能至今仍然在发挥着运输功能。

倘若我们以为传统的日常生活就是死水一潭，永恒不变，它又会向我们呈现出丰富多彩的变化——服饰、衣冠、起居制度、生命的预期，无一不在变化之中。陆游的《老学庵笔记》（卷八）中记载了一个好玩

既可拉货又能载人的独轮车

图四：明 仇英 《清明上河图》之独轮车

《清明上河图》（辛丑版），明代仇英绘。绢本设色，工笔画，797 厘米 ×34 厘米。上面几幅小图展示的是《清明上河图》中独轮车的造型。据说其原型为三国时诸葛亮发明的一种名为“木牛流马”的运输工具。史载，诸葛亮北伐曹魏，因蜀地距中原甚远，军粮运输异常困难，为解决此难题，诸葛亮设计了此运输工具。木牛流马的承重量为“一岁粮”（400 斤以上），日行可达 30 里，因为只有一个车轮，它可以在狭窄的山道、乡间小路上行进。这一运具较好地解决了蜀汉大军的运粮难题。史料中虽有“木牛流马”名字的记载，却无实样参考，后人认为是独轮车。照此推算，独轮车发明距今已近一千八百年历史，且一直在民间大量使用。上面几幅图即为《清明上河图》中运货、载人的独轮车的呈现，尤其载人的独轮车，似有古代黄包车的意味。

图五：北齐 杨子华 《北齐校书图》（局部）

《北齐校书图》，北齐杨子华绘，绢本设色，144 厘米 ×27.6 厘米，现收藏于美国波士顿美术馆。图中所绘的是，北齐天保七年 (556 年)，文宣帝高洋为整理出供皇太子学习的书籍，命颇有文才的樊逊和高干和等十余人勘定群书的场景。我们知道，汉人服饰、发饰在魏晋南北朝时期受胡人影响，发生了很大变化。从《北齐校书图》人物着装便可清楚地看到：画面中间这位坐在马扎上校书的长者，头上梳着两个小鬏髻，其左旁侍立的仕女，头上也梳有两个更明显的小鬏髻。沈从文先生在《中国服饰史》中曾专门讲到过“鬏髻”这一发式，在东晋顾恺之的《洛神赋图》中，鬏髻也已出现了。所以，梳着两个小鬏髻的许彦周不慌不忙地告诉翟伯寿：我这是晋装打扮，有什么好奇怪的。

图六：元 赵孟頫 《浴马图》（局部）

穿犊鼻裈的奚官

《浴马图》，元代赵孟頫绘，绢本设色，154 厘米 ×28.5 厘米，现藏北京故宫博物院。此画展现的是奚官（养马人）浴马的场景。我们看到，在盛夏时节，数位奚官正在清溪中为骏马洗澡。有的奚官已洗完，骑在了马背上，洗完澡的马儿正悠闲地饮水；有的奚官正拿着刷子洗刷，尚未洗完的黑骏马似乎显出了些许的不耐烦，而身着犊鼻裈的这位奚官则牵着缰绳，与马儿四目相对，似乎在安慰它，别急别急，马上洗好。我们清晰地看到，奚官所穿的犊鼻裈类似于日本相扑运动员的制服，也接近于今天的男士短裤。在整幅画作中，马儿有行、有立、有卧，人物有赤膊者，有穿衣者，画面自然生动，流露出一种轻松的氛围，即便是一条简单的犊鼻裈，其上的纹理褶皱也清晰可见。由此看出赵孟頫绘画技巧之精湛。

的段子：有个叫翟伯寿的人，喜欢穿唐代的服饰，自己取了个名儿叫“唐装”。有一天，翟伯寿去看他的朋友许彦周。许彦周头上梳着两个小鬟髻，穿着犊鼻裈（样式参考日本相扑手制服），脚上蹬着高底木屐就迎将了出来。翟伯寿顿时看傻了眼儿。许彦周则不慌不忙地说：我穿的这是“晋装”，有什么好奇怪的？这故事发生在宋朝。也就是说，就服饰而言，晋装不同于唐装，唐装不同于宋装。显然，这唐装不是当下坊间所谓的“唐装”。

人生代代无穷已，两种日常达古今。日常生活的变化静水流深，然而的确存在。透过历史烟尘，我们来观察和体会古人“生活的日常”与“生命的日常”，看变化，也看不变。

无论变与不变，最终都要着落到具体的个人身上。个人无法选择自己的性别、家庭和时代，唯一能做的只是接纳家庭给予的，并在性别与时代的规定中，努力活出自我。普通个体的生命故事，在传统史学中微不足道，却是最容易打动普通读者心弦的篇章，无他，只因今天的我们也经历着同样的爱欲挣扎，此事古今同。

食
舌尖上的历史

人间烟火

饥饿史与饮食发达史

多年前，我跟一位德国的同行前辈感叹中国传统文化在进入现代之际所遭遇的断裂。他反驳说：“你说得不对。你看中国人的餐桌，文化就在那里延续。”我愣了一下，忽然有种“仿佛若有光”的感觉——也对，“柴米油盐酱醋茶”的说法不就是从南宋一直延续到了今天吗？清兵入关，可以强令江南百姓剃发，却不能对他们的食谱做任何强横的约束。相较于庙堂宫廷的历史，日常饮食的历史是最顽强坚韧，也最具人民性的。营养的改善提振了人的健康水平和精神状态；知识的拓展、观念的转移及商业营销改变了食物的身价；餐桌上的礼仪奠定了一个人教养的基石，以及个体对社会秩序的最初认知；自幼熟习的配方和烹饪方式决定了我们衡量饮食优劣的标准。我们多半会说“中国菜最好吃”，但是也得接受一个意大利人说“意大利菜最好吃”——在味道的世界里，只有不同，无关优劣；来自异域的食物和菜式给口腔和肠胃以新的刺激，让我们了解世界的广大和文明的多元。尽管“从前慢”，但文明之间的饮食交流，在人类历史的长河中从未断绝。乔治·奥威尔曾说，日常饮食的变化可能比朝代更替，甚至宗教变革来得更为重要。[1]

在讲述华夏饮食发达史之前，先简单地说说饥饿史和与饥饿做斗争的历史。中国史书记载了千千万万饿死的人，他们无名无姓，隐藏在一些数字背后，而这些数字出现在历史记录中，很少是出于哀悼或反思的目的，而是另作他图，比如表彰善举。《元史·朴不花传》记载，1358年前后，“京师大饥疫。时河南北、山东郡县皆被兵，民之老幼男女避居聚京师，以故死者相枕藉”。得宠的宦官朴不花“欲邀时誉”，大发慈悲，在皇室的支持下主持埋葬死者，“前后瘗者二十万”。在朴不花的仁慈背后，是惨绝人寰的灾难，那场历时三年的大饥荒，夺去了将近一百万人的生命。那些无名无姓的死者就长眠在了北京城下。

现代科技发达，各种文明间知识流通，我们因此得以知晓，中国历史上那些大规模的饥饿和由饥饿引起的死亡，主要发生在地球气候的寒冷期。中国并非唯一的受害者——那是人类所遭遇的集体生存挑战，比如魏晋南北朝时期、两宋之际、元末明初和明末。当气候变冷，强悍的北方游牧民族武力南压，华夏农业经济区粮食减产，华夏国家的组织能力和领导能力受到严峻挑战，而这种时候又往往会出现吏治腐败、政府无能。比如说，东汉末年，黄淮海平原气候转冷，“至第四世纪前半期达到顶点……那时年平均温度大约比现在低2℃—4℃；南北朝时期继续处于气候寒冷期”。[2]这是气候之变。与此同时，华夏国家管理能力下降。从公元189年董卓乱长安到589年隋灭陈的四百年间，有三百六十三年处于分裂割据状态，其间共发生较大规模的战争五百余次。人祸加剧天灾，“千里无烟爨之气，华夏无冠带之人”，文明悬于一线。生存的欲望压倒了人类的理智，于是出现了人吃人的极端状况：曹操军队的军粮“杂以人脯”；前秦苻登“每战杀贼，名为‘熟食’，谓军人曰：‘汝等朝战，暮便饱肉，何忧于饥！’士

1 参见 George Orwell, *The road to Wigan pier*, Penguin Books, 1937, p.6。

2 竺可桢：《竺可桢文集》，科学出版社1979年版，第481—482页。

众从之，啖死人肉，辄饱健能斗”。[1]我们当然不能简单地用“天人感应”来解释天灾与人祸之间的关系，然而对大自然存一分敬畏之心、忧惕之心，保持国家和社会的理性，却是必须的。

伴随着饥饿史的，还有华夏先民与饥饿做斗争的历史。传统时期，农业产量并不稳定，人与自然之间的关系基本上是人靠天吃饭。所以中国人自古就明白，要建立丰富的粮食储备以备荒年饥岁，保持社会稳定。《淮南子·主术训》说：“故国无九年之畜，谓之不足；无六年之积，谓之悯急；无三年之畜，谓之穷乏。”除了粮食储备，古人还尽可能提高粮食生产能力。方法主要有两种：一是开荒，扩大粮食的种植面积；一是通过技术，比如轮作复种、灌溉、水稻育秧移栽，以及良种的推广等技术，提高土地利用率，从而提高单位面积产量，在有限的土地上尽可能追求最大收益。汉代在关中推广种麦，宋代引进推广高产的占城稻，明代白薯、玉米自美洲传入并推广，这一系列措施都大大缓解了粮荒。但总体而言，饥饿问题的最终解决还是要等到现代，对科学技术的发展，我们要永远怀抱感激与敬意。

华夏饮食发达的历史，首先要提及的是食物种类的不断丰富。华夏民族的食谱对主食、副食有着明确的区分。主食以粮食制品为主，副食包括蔬菜和动物性食物。在农业出现以前，人们的食物来自采集和狩猎，以野生动植物为主，肉类的烹饪方法主要是烧烤，植物性食物则以烤制和生食为主。大约在一万年以前，农业开始产生，人类有了更为稳定的食物来源。随着农业的发展，人类的食谱变得越来越丰富。在距今约八千年的河南裴李岗，人们种植粟，养殖猪、狗和鸡。到了距今约七千至五千年的仰韶文化时期，先民的食谱中增加了黍、麻、水稻和栽培的蔬菜。历史继续向前推进到距今五千至四千年的龙山文化时期，猪、狗、羊、牛、马、鸡六畜齐备，粮食富余到可以酿酒。

1 ［唐］房玄龄等撰：《晋书》卷八二《虞预传》，中华书局 1974 年版，第 2144 页；《晋书》卷一一五《苻登载记》，中华书局 1974 年版，第 2948 页。相关论述，参考朱大渭《魏晋南北朝社会生活史·绪论》，中国社会科学出版社 1998 年版，第 13 页。

图七：《屠房》 莫高窟第八五窟 晚唐

《屠房》为莫高窟第八五窟一幅晚唐时期的壁画。提到中国饮食文化中的食肉问题，我们会在一些古代画作中看到相关情景，敦煌壁画中的《屠房》便是其中之一。此画左上角有一段榜文，这段榜文其实出自佛经，意思是说，肉是污血混合物，人应该少食肉，多吃素。但画面中呈现的内容却正好与之相左——一位胖胖的屠夫正在宰羊，一旁的屠案上放着宰杀完毕的羊，后面的架子上也挂满了羊腿。画面中有两只狗，一只正在屠案下啃骨头，另一只趴在屠案一边，眼巴巴地瞅着屠夫，似乎希望屠夫扔一块骨头给它啃。在以农业立国的古代中国，作为耕作动力来源的耕牛受到政策保护，不可随意宰杀。而猪肉因上层饮食习惯的洁癖，在很长一段时间内属于肉食的次要来源。于是，羊肉便成了贵族阶级青睐的肉食。此壁画生动地反映了晚唐时期的屠房内景，是了解中国古代食肉问题的重要的图像史料。

西周时，华夏先民的食谱仍然相对简单。主食以稷和黍为主，黍比稷贵重。稻与粱并称，是席上之珍。王公贵族祭祀，所用动物性食物有牛、羊、豕、犬、鸡、雉、兔、鱼。烹饪方法则以蒸、煮、烤、煨、干腊及菹醢为主。《国语·楚语下》曰“庶人食菜，祀以鱼”，普通老百姓日常饮食是主食加蔬菜，鲜少有肉，这种状况一直持续到现代。

麦取代粟成为北方人主食的核心，是华夏主食结构的一大变化。这一变化启于魏晋南北朝，至宋始告完成。先秦乃至魏晋南北朝，北人主食以粟为主，南人主食以稻为主。稻米在北方是稀罕物。《论语·阳货》载宰我问三年之丧于孔子，嫌时间太长。子曰：“食夫稻，衣夫锦，于女安乎？”“食稻”与“衣锦”对称，可知在春秋末年，稻是珍贵的食物，非服丧者所宜食。隋统一之后，稻米在北方仍然是稀缺物资。陈的散骑常侍徐孝克入隋，居关中，徐母患病，“欲粳米为粥，不能常办。母亡之后，孝克遂常啖麦。有遗粳米者，孝克对而悲泣，终身不复食之焉”[1]。徐孝克以“常啖麦”来表达对亡母的追思，是因为粒食（非面食）的麦有着粗粝食物的文化符号意义。麦起初只是北方的备荒作物和穷人的食粮。魏晋南北朝时期，麦的地位开始上升，至唐宋时期成为北方的主粮，粟反而退居次要地位，“北方食麦，南方食稻”的主食结构由此形成，并延续至今。

“炒菜”直到今天仍被视为中华饮食最具特色的烹饪技法之一，油煎快炒之法并非自古就有，而是起于中古。要想“炒”起来需要三个条件。第一要有锅，能够胜任炒功的锅，战国时南方就已经出现了。第二要有油，魏晋时期，植物榨油技术有了较大发展。西晋张华的《博物志》提到用麻油来制作豆豉。锅里的油热了，炒却不会自然发生。要让炒真正成为主流的烹饪技法，还需要第三个条件——燃料匮乏。“炒”是一种更为节能的烹饪技术，要想让习惯了熬煮蒸烤的人们改变烹饪方式“炒起来”，还须等到燃料变得金贵起来，这恐怕是唐宋

1 ［唐］姚思廉：《陈书·徐孝克传》，中华书局 1972 年版，第 338 页。

以后的事情了。形势比人强，许多新技术的广泛应用，都是形势倒逼的结果。

从宋到明，副食领域发生了一项有趣的变化，老百姓的当家菜从葵（冬寒菜）变成了白菜、萝卜。元代以前，葵一直是华夏民族最重要的蔬菜。《诗经·豳风·七月》有“七月亨葵及菽”。贾思勰的《齐民要术》将葵放在头等重要的地位，卷三《种葵》专门介绍了葵的种植要领。北宋黄庭坚有诗云：“附郭小圃宜勤锄。葱秧青青葵甲绿，早韭晚菘羹糁熟。”他的小菜园里种了葱、韭菜、葵和菘（大白菜），大白菜和葵已经并肩出现了。元代王祯的《农书》仍然将葵尊为“百菜之主”，说它堪“备四时之馔……诚蔬茹之上品，民生之资助也”。到了明代，葵的地位出现了戏剧性下降，李时珍《本草纲目》把葵降到了草部：“今不复食之，故移入此。”

在时间的推移中，中国的味道也一点一滴地丰富起来。从新石器时代开始，华夏先民就已经使用天然的霉菌和酵母制作“曲”和曲制品，这些曲制品包括酱、酱汁、腌肉、腌菜、酒和醋。梅子是天然的酸味来源。《左传·昭公二十年》有“水火醯醢盐梅，以烹鱼肉”，这是春秋时期的食谱，煮鱼和肉用的调料有盐、梅子、酱汁和醋。战国秦汉的随葬品常有梅子，希望墓主人在另外一个世界里仍然能够活得有滋有味。唐代以前，甜味的主要来源是蜂蜜和麦芽糖，曹丕得到西方进口的蔗糖“石蜜”，便向东吴人炫耀说：“南方龙眼、荔枝，宁比西国蒲桃、石蜜乎？”[1] 甘蔗榨糖技术是唐朝从“西天”印度取来的真经。古代典籍中提到的“椒”指花椒，长沙马王堆汉墓就出土有西汉的花椒。汉魏时期，四川的蜀椒和甘肃、陕西的秦椒最为著名。胡椒大规模进入中国是在唐朝，宰相元载被抄家，“胡椒至八百石”，[2]

1 《太平御览》卷八五七《饮食部·蜜门》，中华书局影印宋本，1960 年版第 3810 页。

2 ［宋］欧阳修、宋祁撰：《新唐书》卷一四五《元载传》，中华书局 1975 年版，第 4714 页。

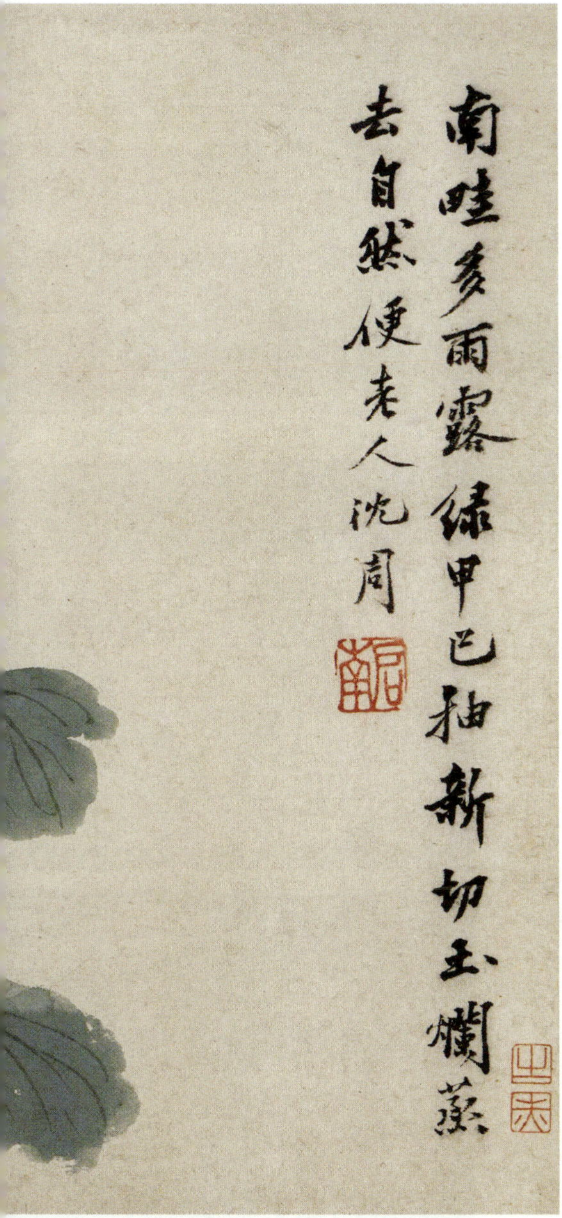

图八：明 沈周 《卧游图》之白菜

《卧游图》册，明代沈周绘，纸本设色，共十七开，每开 37.3 厘米 ×27.8 厘米，现藏北京故宫博物院。该图册第一开自书遒劲有力的“卧游”二字，而后依次绘：仿云林山水、杏花、蜀葵、秋柳鸣蝉、平坡散牧、栀子花、秋景山水、芙蓉、枇杷、秋山读书、石榴、雏鸡、秋江钓艇、菜花等小景。每开或应景赋诗，直抒胸臆；或追忆往昔，凭吊古今。书画呼应，相得益彰。画中所取之材虽为杏花、蜀葵、秋蝉、枇杷等平常之物，但方寸间妙趣横生。我们看到，白菜也作为小景之一与其他常见的素材一并进入了绘者笔下，可见，随着葵地位的急速下降，白菜也已成为老百姓的家常菜之一。

图九：北宋 张择端 《清明上河图》之食肆与地摊

《清明上河图》卷，北宋张择端绘。绢本，淡设色，528 厘米 ×24.8 厘米。该长卷描绘的是清明时节北宋都城汴京（今河南开封）的汴河两岸热闹的街景。全卷由三部分构成：首段所绘为汴京市郊的景色，中段集中展现汴河两岸及“上土桥”商贾络绎的街景，后段是市区街景。上图中呈现的是刚入城，靠近汴河一带的街景。我们可以清楚地看到，街道上车辆络绎不绝，来往行人熙熙攘攘，茶肆食店鳞次栉比，食客列坐其中。除了店铺，还有热闹的街边摊周围围着的众人，仿佛能听到他们你一言我一语，议论纷纷的交谈声。北宋汴京城繁荣发达的饮食概貌跃然画中。

实在奢侈。而辣椒则要到明末才进入中国，[1]跟辣椒差不多同时进来的，还有同样产自新大陆的白薯、西红柿和土豆。

日常生活的变化常常需要跨越几个世纪才能逐渐完成，所以时间尺度必然会拉大，讲述视角必然会宏观一些。倘若一定要跟朝代挂钩，可以把宋朝视为华夏饮食文化的初步成熟期，在宋朝，我们能够想象的华夏饮食的基本特征，除了辣椒基本齐备：炒的技术已经产生；“油盐酱醋茶”，滋味完备；餐饮业繁荣，酒楼茶肆鳞次栉比，南食店、北食店、川饭店，风味各异。北宋东京饮食文化的概貌，与今天世人所熟知的中国饮食，几乎无甚差别。

饮食恒处于变化之中。人群的迁移，特别是中央政府的异动，比如东晋和南宋的南渡，以及抗战时期国民政府的西迁，都将上层所主导的高雅的饮食文化传播到更广阔的地域，上层的饮食追求与当地食材、食俗的结合，又会生发出新的精美滋味。中外饮食文化的交流，则将华夏饮食带往更远的地方，也将远方的滋味引入华夏——多少我们自以为纯粹的中国味道，其实是历史时期的外来风物。人类的饮食和而不同，包容与开放才是美味之道。

1　曹雨：《中国食辣史》，北京联合出版公司 2019 年版。

图十：北宋 张择端 《清明上河图》之胡饼

在张择端的《清明上河图》首段，我们可以看到一处颇有争议的街景：在护城河桥靠左边，有一个摊位，小摊上面虽覆有伞盖，但依旧可以看到一个挨一个齐整码放的圆形食物。放大后，还能隐约看到上面密密麻麻的小黑点儿，有人说这是切开的西瓜露出的瓜瓤，虽然西瓜自五代就已传入中国，但清明时节应该不是西瓜上市的时候，且摊贩不可能一次切开如此多的西瓜。所以这些圆形食物只有一种可能——来自西域的胡饼，类似于今天新疆的馕饼。饼上黑点儿或是黑芝麻，或是其他香料。随着人群迁徙，中外饮食文化不断交流，华夏饮食传向了更远的地方，而异域风味也被逐渐引入中原。这种和而不同、开放包容的美味，在满足了人们味蕾的同时，也进一步丰富了华夏饮食文化的基因。

饼与中国的主食革命

山西有一种特产叫“煮饼”。按我们通常的理解，饼由面粉或者米粉加水制成，外形扁平，表面相对干燥；而“煮”是一种烹饪方式，应该有一锅水，食物在水里加热，直至熟透。饼可烧可烙可炸，还可以煮?

现在我们已经不煮饼了，然而古代的饼确实是可以煮的。《世说新语》里记载了一个小段子：曹魏时期的何晏“美姿仪”，姿态优雅，仪容美丽，“面至白”，皮肤白到令人妒忌——古人对男性的外貌其实很讲究，男子“长大肥白”，身材高大健硕、皮肤白皙，便会让人觉得资质非凡、能成大器，关键时刻单凭长相还可救命。比如汉初封侯拜相的张苍，早年“坐法当斩，解衣伏质，身长大，肥白如瓠，时王陵见而怪其美士，乃言沛公，赦勿斩”[1]。这样的故事不止一则。对“长大肥白”的崇拜，多半与普遍性的营养不良有关。说句题外话，男性之追求肤白貌美，在魏晋南朝时期发展到近乎变态的地步——男子化妆。徐克的电影《梁祝》里有这样一个桥段：祝英台被逼出嫁，啼哭不止，眼流血泪，妆怎么也化不上去。一帮婢女束手无策。这时候，脸白得像日本艺伎一样的祝爸爸走过来，气急败坏地说：用我的粉！这神来之笔，令人绝倒。

说回何晏，魏明帝怀疑他“面至白”不是纯天然，“疑其傅粉”。于是“正夏月，与热汤饼”，大夏天让人煮饼给何晏吃。何晏吃得满头大汗，“以朱衣自拭，色转皎然”，肤色像月光一样莹润白皙，更好看了。

这种热汤饼的做法，根据贾思勰《齐民要术》的记载，是把面团擀成两指宽的面片，两寸一断，然后再用手把这两指宽、两寸长的面片尽量扯薄，越薄越好，开水下锅，大火煮熟。煮熟之后，浇上肉汁就可以

1 ［汉］司马迁：《史记》卷九六《张丞相列传》，中华书局 1982 年版，第 2675 页。

吃了。说白了，“热汤饼”大概就是打卤面片，好像没什么稀奇的。

但是，西晋的美食博主束皙却不惜笔墨予以赞颂，说汤饼形状美，“弱如春绵，白若秋绢”，柔弱洁白，惹人喜爱；味道佳，“气勃郁以扬布，香飞散而远遍，行人失涎于下风，童仆空嚍而斜眄，擎器者舐唇，立侍者干咽”。香浓气味随风飘扬，进入每一个人的鼻腔，那不幸处于下风向的人流出了口水，小厮们捧着空酒杯斜眼向碗里瞅，端着碗的仆人在舔嘴唇，侍立在一旁的仆人在咽口水。这样的好东西最适合冬天食用：“玄冬猛寒，清晨之会。涕冻鼻中，霜凝口外。充虚解战，汤饼为最。”[1]最冷的时候，大清早去朝会，鼻涕都冻住了，胡子上结了霜，此时来一碗热汤饼，管饱又暖和，最好不过。

在中国文学史上，各个时代最盛行，同时也是成就最高的文体依次为诗经、楚辞、汉赋、唐诗、宋词、元曲、明清小说，赋虽然是汉代最流行的文体，但到了唐宋时期，吟诗作赋仍然是文人的基本功。赋的特点是骈四俪六，文辞华美。换句话说就是充满了生僻字，很难读。如此盛大华丽的文体，竟然用来赞美“饼”，似乎有些小题大做，然而放在西晋，就很正常。因为在那个时候，“饼”代表着创造和美，是一种既时髦又高贵的食物。

在面食以前，北方的主粮是粟，也就是小米。秦汉时期的老百姓是很不愿意种麦子的，汉朝政府曾经两次推广种麦，目的是增加单位面积产量，但是老百姓的响应度并不高。因为麦子直接煮了很不好吃。用麦粒或者麦糙儿煮的饭叫作“麦饭”。麦饭是穷人的食物，有地位的人吃麦饭只有三种可能：第一，正在服丧或者修道者，想要从肉体上折磨自己，以示与众不同；第二，艰苦朴素或者比较抠门儿的守财奴，因为麦子便宜；第三，好这口的人。秦汉时期的人之所以不吃面条或者烙饼，主要因为他们还没学会面粉的制备和饼的制作技术。

麦是外来作物，大约在一万一千年以前，生活在西亚的人类祖先

1 ［唐］徐坚：《初学记》卷二六《器物部·饼第十七》，中华书局2004年版，第643页。

首先驯化了麦，大约在五千年前，麦抵达中国，中国境内出土的最早的麦类实物是甘肃民乐县东灰山发现的小麦粒和大麦粒。面粉的制备技术和饼的制作技术传入得更晚。束皙就观察到先秦经典“不说饼”，因而推断当时“虽云食麦，而未有饼。饼之作也，其来近矣”。今天我们从文献中能找到的“饼”的确在束皙说的“近代”。汉元帝时，宦官黄门令史游编纂的识字教材《急就篇》就把“饼”和“麦饭”并列在一起，有云“饼、饵、麦饭、甘豆羹”[1]。关于“饼”的来历，束皙根据“饼”的奇异名称推测说：“若夫安乾粔籹之伦，豚耳狗舌之属，剑带案盛、餢飳、髓烛，或名生于里巷，或法出乎殊俗。”[2]“法出乎殊俗”是一个很有见地的推断。

全世界已知最早制作面包的是埃及人。他们制备面粉的工具是石磨盘和石磨棒。此物在博物馆中通常成对展出，底下略大而表面平整的石头是石磨盘，上面像擀面棍一样的短粗石棒是石磨棒。它的工作原理就像今天用擀面棍在案板上制作花生碎一样，但是它们要碾碎的是生麦粒，所以工作量很大，忙活一天也只能制作出当天吃的面粉。埃及法老金字塔壁画中有制作面粉的画面，由女性以跪姿操作，需要把整个身体的力量压上去，长年累月恐怕会导致残疾。这样磨出来的宝贵的面粉质量并不高，通常牙碜，所以法老的牙齿都被磨坏了。在这样的制粉技术水平之下，面食是很难普及的，只能属于最高阶层。

当面食传入中国的时候，小麦制粉技术已经有了巨大进步。人们不再用石磨盘与石磨棒来磨面粉了，而是用那种上下两扇的磨来制粉。磨的工作原理是：两扇圆形的石头相压，两片石头相交的面儿都凿出一定的纹理来，叫作“磨齿”；将麦粒置于两石之间，当上面的石头被外力推动时，磨齿就会像人的牙齿一样把麦粒“咬”碎，经此过程反复研磨，

1 沈元：《〈急就篇〉研究》，载《历史研究》1962 年 3 期，第 61—87 页。

2 ［清］严可均辑：《全上古三代秦汉三国六朝文 · 全晋文》卷八十七《饼赋》，中华书局 1958 年版，第 3924 页。

就得到了面粉。

最初的磨齿是窝点状，磨制效率不高。东汉出现了放射线状磨齿，磨制效率得到提高。唐代还出现了水力推动的碾坊。面粉加工成为有利可图的事业，达官贵人们纷纷在长安附近的河上置办碾坊。比如，唐玄宗时候著名的宦官高力士“于京城西北截沣水作碾，并转五轮，日碾麦三百斛”[1]，碾坊利润可观，但也对农业灌溉产生了恶劣影响。比如唐初郑白渠的灌溉能力本来是一万多顷，后来下降到六千二百多顷——截水作碾影响了水稻灌溉。政府起初试图打击碾坊以恢复水稻灌溉，但后来也开始经营碾坊以赢利；随着小麦种植的扩大，政府也向小麦征税，新税制“两税法”最终取代“租庸调制”。藏在郑白渠兴衰与税制改革背后的，是小麦与水稻的竞争。最终，小麦击败了水稻。[2]

东汉末年以后，小麦制粉技术和面食技术逐渐推广开来，麦子变得“好吃”了，这时的种植面积才开始增加。但是一直到唐代前期，粟的重要性仍然是超过麦的。因此，北魏到唐代前期，均田制国家地租的征收对象仍然是粟。只有到了唐代后期两税法的实行（782 年），夏税的征收对象才变成麦子。换句话说，这个时候大部分地方实现了粟、麦两熟制，大大提高了单位面积产量。到了南宋，麦的种植推广到了长江以南地区。之所以能推广得开，有两个原因：一个是喜欢吃面食的众多北方人迁居南方，这必然会产生消费需求，有需求自然会推动生产。另一个是，当时佃户租种地主的地，交租的时候是按种的稻子算的，也就是说，如果佃户在同一块地上种了麦子，打下来的麦子全归自己，所以佃户种麦子的积极性特别高。当然，小麦过江并没有改变南方人吃米的习惯。点心归点心，米饭归米饭。

1 ［后晋］刘昫等撰：《旧唐书》卷一八四《高力士传》，中华书局 1975 年版，第 4758 页。

2 西嶋定生著，韩昇译：《碾硙寻踪——华北农业两年三作制的产生》（原文见于 1966 年东京大学出版社《中国经济史研究》），载刘俊文主编：《日本学者研究中国史论著选译》第四卷，中华书局 1992 年版，第 358—377 页。又收入氏著，冯佑哲等译：《中国经济史研究》，农业出版社 1984 年版，第 167—183 页。

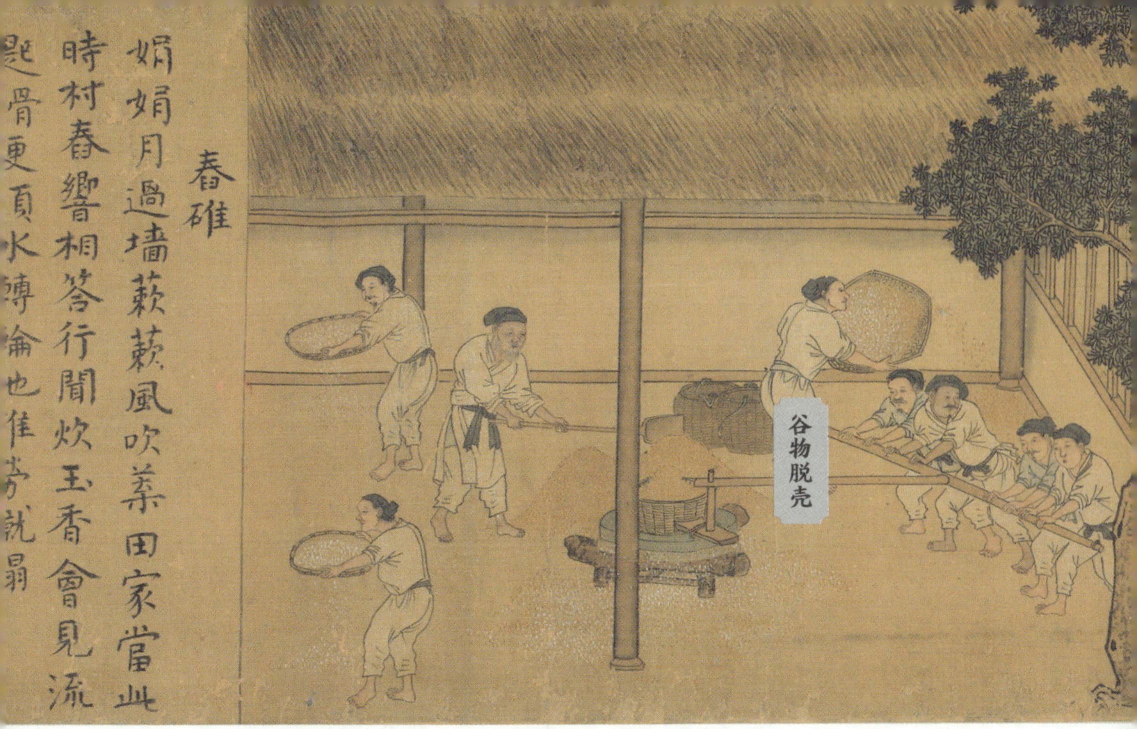

图十一：南宋 楼璹（传）《耕稼图》之舂碓

《耕稼图》手卷，传为宋人楼璹绘，共 45 幅，设色绢本，506.4 厘米 ×26.7 厘米。该手卷前段已残缺，目前仅剩九幅，每幅画卷都配有一首楼璹的五言八句诗。据说楼璹在於潜（今浙江杭州市）任县令时，看到农人、蚕妇着实辛苦，遂绘此卷以记之。文中展示的是《耕稼图》之一的《舂碓》。我们从画中看到，一位长者正用木锨往砻中添加谷物；数位男性左右推动砻，正为谷物脱壳；画中的三个拐角处，分别另有三位男性在用簸箕扬米去糠。画卷左侧的《舂碓》诗云：“娟娟月过墙，簌簌风吹叶。田家当此时，村舂响相答。行闻炊玉香，会见流匙滑。更须水转轮，地碓劳蹴蹋。”通过此段画卷，我们不仅看到了凝聚古代劳动人民智慧的生产工具砻，也从侧面解了江南农业的发展情况。

图十二：元 佚名 《山溪水磨图》（局部）

《山溪水磨图》轴，元代佚名绘。绢本设色，界画。152.3 厘米 ×96.3 厘米，现藏辽宁省博物馆。扬之水先生在《棔柿楼集 · 物中看画》中提到，以盘车水磨为题材的画作，出现在约唐五代时期，最著名的有三幅，而这幅《山溪水磨图》为元人所绘。我们看到，在层峦叠嶂的山涧里，一座规模庞大的磨坊坐落其中。涧泉自远山后奔腾而出，注入了水磨作坊里的闸口中。水磨坊有上下两层，楼上是用以加工谷物的碾、磨等工具，楼下则是在激荡的水力作用下的车间。画中建筑整体以界画勾勒，磨坊顶部设两个“老虎窗”，加之飞檐翘角的歇山顶风格，整个画面规整不失灵动，雄浑不乏细腻。湍流的俯冲，盘车的转动，人物劳作与交谈的动态，与威严的群山、观水的僧侣，构成了一幅动静交错的画面，而曾经出现于历史上的这座大磨坊的整个生产过程也跃然眼前。

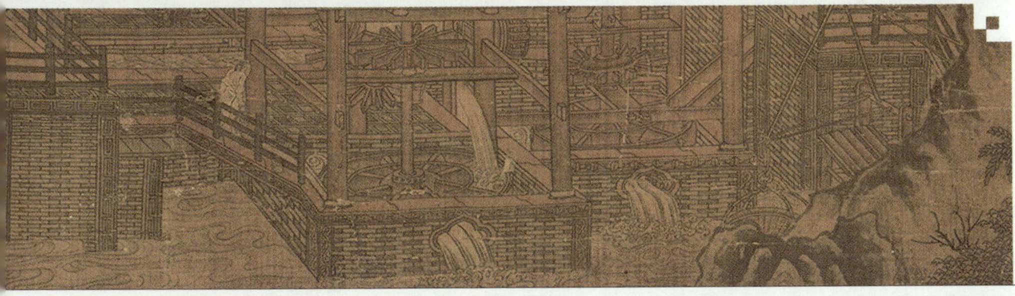

面食自西汉传入中国，至唐宋时期完成了主食革命，“北人食面，南人食米”的习惯就此形成，一直延续至今。而这场主食革命的开端就是“饼”的出现。宋人黄朝英曾说：“余谓凡以面为餐具者，皆谓之饼，故火烧而食者，呼为烧饼；水瀹而食者，呼为汤饼；笼蒸而食者，呼为蒸饼，而馒头谓之笼饼，宜矣。”[1]“饼”这个名词需要解释，说明它已经退出了日常。《水浒传》中的武大郎在阳谷县卖炊饼，与此同时，他在东京开封府的同行“武成王庙前海州张家”“皇建院前郑家”则把饼店做到了“五十余炉”的超大规模。每天天不亮，伙计们就起来“擀剂卓花入炉，自五更卓案之声，远近相闻”[2]。武大郎的炊饼和开封城饼店卖的饼，有蒸的，有炸的，有烤的，唯独没有煮的了。

让何晏吃得满头大汗的“煮饼”，此时被称为“面”。汉语中的“面”字在“麦粉”的义项之外，又添了“面条”的义项，这大约始于宋朝。“面”的品种很丰富。北宋开封的小吃店分为三类：分茶店供应冷淘、罨生软羊面、桐皮面；南食店供应桐皮熟脍面；川饭店供应插肉面、大燠面。食客可以各取所需。南宋临安则出现了专业的面食店，卖丝鸡面、三鲜面、鱼桐皮面、盐煎面、笋拨肉面、炒鸡面、大爊面、子料浇虾燥面，以及三鲜棋子、虾燥棋子、虾鱼棋子、丝鸡棋子、七宝棋子、抹肉银丝冷淘、笋燥齑淘、丝鸡淘、耍鱼面等。“棋子”指形如棋子的水煮面食。“淘”是过水面，“冷淘”就是凉面。“燥”亦作“臊”，想知道它是什么的朋友，可以到陕西馆子要一碗臊子面。

唐代中央官食堂例供的饮食中，冬季有汤饼，夏季有冷淘，均属季节性加餐，[3]汤饼还是水煮的。到了宋朝，面（条）登场，汤饼淡

1 ［宋］黄朝英撰，吴企明点校：《靖康缃素杂记》卷二《汤饼》，中华书局 2014 年版，第 15—16 页。

2 ［宋］孟元老撰，邓之诚注：《东京梦华录注》卷四《饼店》，中华书局 1982 年版，第 129 页。

3 参见［唐］李林甫等撰，陈仲夫点校：《唐六典》卷一五《光禄寺 · 太官署》，中华书局 1992 年版，第 446 页。黄正建：《唐代的衣食住行》，见李斌城等编：《隋唐五代社会生活史》，中国社会科学出版社 1998 年版，第 45 页。

图十三：南宋 夏圭 《西湖柳艇图》（局部）

《西湖柳艇图》，南宋夏圭绘。绢本设色，107.2 厘米 ×59.3 厘米，现藏台北故宫博物院。这是夏圭画作中为数不多的立轴。画作远近分明，层级清晰，远景以淡水墨处理，流云氤氲，意境邈远；近处的元素则颇为丰富，柳堤、田垄、水榭、画舫、湖泊、篷船、船夫、食客等错落相间。我们将画面拉近，便可看到沿岸食店中落座的食客，以及店内陈设的器物与食材。夏圭此画作于南宋“偏安”之时，在宋金两不相侵的状态下，城市里的各行各业便获得了相对稳定的发展空间。至于画中西湖边上的食店中售出的是丝鸡面、三鲜面，还是鱼桐皮面，就不得而知了。

出，饼也就不再煮了。山西的煮饼可以说是饼界的活化石。但是，此煮饼非彼煮饼，山西的煮饼不是水煮饼而是油煮饼，叫作“油煮”而不叫“炸”，这可以上溯到《齐民要术》的“以膏油煮之”[1]。

《齐民要术》里的神奇菜谱

《齐民要术》是一本神奇的书。英国汉学家魏根深（Endymion Wilkinson）的扛鼎之作《中国历史研究手册》，是一部面向西方的研究中国的工具书，在欧美中国史研究领域影响巨大，曾获“汉学界的诺贝尔奖”——儒莲奖，并已在国内翻译出版。工具书的作用是为研究者提供指南，通常并无趣味，此书却是一个例外。因为它的作者是一个见多识广、好玩爱吃又不乏幽默的汉学家，他躲在满坑满谷、顶天立地的书架后，时不时地探出头来，一脸严肃地说上一段趣事。关于《齐民要术》，魏先生首先引用前人研究指出：

> 关于北魏时期的饮食，作者提供了许多资料。贾思勰所记录的日常饭食的制备方法，是现存类似记载中最早的，其中的很多可以当作食谱来用。《齐民要术》共记载了280种食谱，根据贾思勰本人提供的注释，其中有160种来自已经失传的《食经》和《食次》。

既然是食谱，当然要照做。勇于探索、乐于实践的魏先生写道：

> 1999—2000年的冬天，我在北京做了一个为期三个月的实验。我要求我的厨师按照6世纪早期的农书《齐民要术》中的烹饪方法、食材和配方来做菜。食材包括很多种草，

1　王利华：《中古华北饮食文化的变迁》，生活·读书·新知三联书店2018年版，第251页。

> 比如宽叶香蒲和各种麻，东西并不好找。但是，对于喜欢素食的人来说，还不讨厌。最起码，这些菜的味道都很重，因为它们或者是用了发酵过的肉、鱼和大豆做的羹来调味的，或者是用豆豉烹煮的。我发现，酱油、菜油、花生油、糖、辣椒、西红柿等晚出食材的缺席，是一种令人愉快的休憩；而熬煮和烘烤则是对今天常常会碰到的单调的油炒的解脱。然而，我的大多数中国客人都觉得他们吃的是外国菜，而不是中国菜。

多么有趣的试验。这段文字中隐藏着许多有趣的知识：第一，在《齐民要术》的时代，最主要的烹饪方式是熬煮和烘烤，而不是炒——炒的烹饪技术尚未被发明出来。第二，当时的调味品严重不足。甘蔗榨糖技术要到唐朝才从印度引进，所以北方基本是没有蔗糖的；酱油、菜油的登场大概要等到宋朝；花生油、辣椒、西红柿就更不用说了，它们得等哥伦布发现新大陆，然后才能进入中国，那已经到明朝了。贾思勰的调味料除了盐，就是各种各样的酱汁和豆豉。第三，假定魏先生对菜谱的破译准确，他的厨师操作无误，那么，对于20世纪末的中国人来说，6世纪的中国味道，已经像是外国的了，换句话说，从6世纪到如今近一千五百年中，“舌尖上的中国”早已面目全非。

英国汉学家魏根深先生研读《齐民要术》的方法非常特别，他和厨师合作，直接动手把安安静静的文字变成了热气腾腾的菜品，然后用舌头和牙齿品尝了“历史”。菜端上桌，吃下肚，就没有了。不能产生论文，写到书里也只能算插曲，不能算正儿八经的论述。这种研读，大约也只有欧盟驻华大使可以做得。

《齐民要术》的内容要远远多于那二百八十个食谱。全书十卷九十二篇，十一万字，是一部6世纪以前华北庄园农业生产生活指南：“起自耕农”，从平整土地开始讲；先讲田里种的，包括各种粮食作物和经济作物，如蔬菜、饲料、林木、染料、漆树；接下来讲家里养的家禽家畜，如牛马驴骡、羊猪、鸡鸭鹅、鱼；最后“终于醯醢”，醯是醋，醢是酱，把谷物酿成酒和醋，制作成麦芽糖，把豆子做成酱和豉，把肉

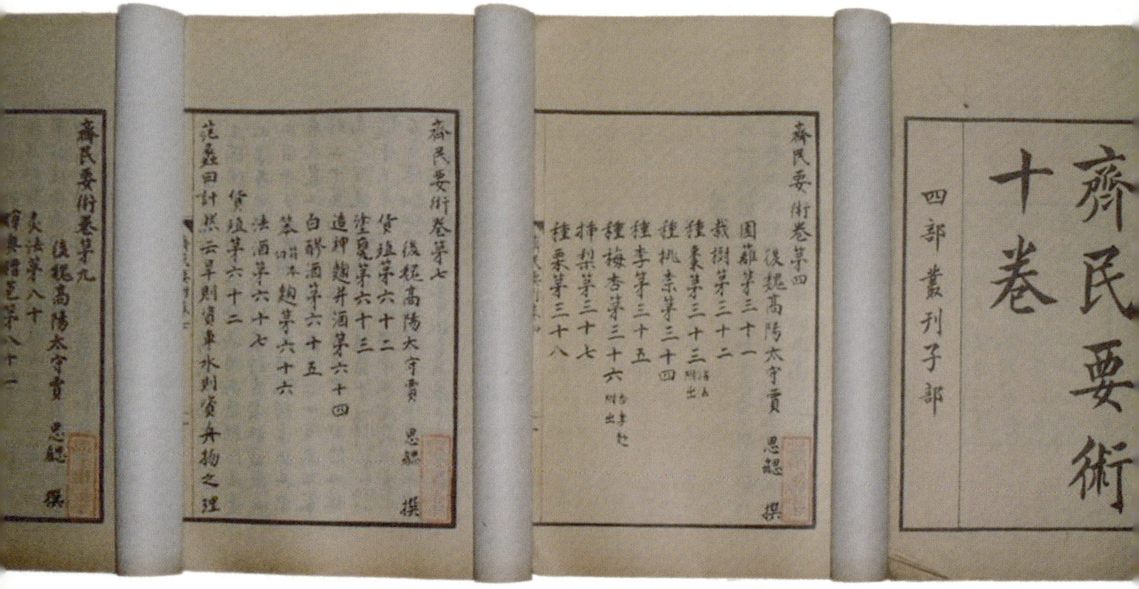

图十四：《齐民要术》 善本书影

《齐民要术》是我国现存最早、最完整的农书，由东魏农学家、高阳太守贾思勰著。该书成书于公元 535—544 年间，共 10 卷 92 篇，计 11 万字。该书系统地总结了 6 世纪以前黄河中下游地区农业与畜牧业的生产状况。内容所涉，十分广泛，包括谷物、蔬果、树木等作物的栽种之法，禽畜类的豢养之法，酒的酿造、菜的腌制等知识，凡有关农业、牧业、民生的内容，皆有涉及。具体有土地保墒，作物轮栽、播种、施肥、除草、防冻，有对牛、马、驴、骡、羊、猪、鸡、鸭、鹅等家畜和家禽的饲养，还有酿酒和制造酱、豉等的方法。《齐民要术》记载的农业生产经验沿用至今，为我国农牧业发展提供了丰富的知识。该书也是古代农业实用科学的代表作。

类干制，把小麦磨粉制成各种饼；除了食物的制作，还有煮胶、制墨、制笔的方法，“资生之业，靡不毕书”，凡是对生产、生活有帮助的事情，没有不详细说明的。

贾思勰的目标读者是庄园的经营管理者。一般来说，这种庄园的基本规模是二十口之家，再配备二十个奴婢，良田十顷，[1] 可支配土地面积大、人手众多，因而足以维持门类齐全的农业生产，产出庄园生活所需的一切物资，包括粮食、衣物、蔬菜、水果、鸡鸭鱼肉、建筑材料、燃料和照明物资，“稼穑而食，桑麻以衣。蔬果之畜，园场之所产；鸡豚之善，埘圈之所生。爰及栋宇器械，樵苏脂烛，莫非种殖之物也”。“闭门而为生之具以足，但家无盐井耳。”[2]

但是，细看贾思勰的写法，他又总是在算经济账，看起来并不像是关门过日子自给自足的模式，倒像是在为市场而生产。比如他写白杨树的种植，耐心细致地讲完了扦插法之后，又说：种白杨，一亩分三垄，一垄种七百二十株，一株两根，因此，一亩就能得到白杨树四千三百二十根。这小小的白杨树苗，三年之后就可以用作蚕樀（卷丝的工具），五年之后就可以用作房屋的椽子，十年就能当栋梁了。先不说别的，咱就说蚕樀，一根五文钱，一亩地一年就能收入两万一千六百文。一年种三十亩，三年九十亩。一年卖三十亩，得钱六十四万八千文。周而复始，永世无穷。比之农夫，劳逸万倍。[3]

贾思勰教人种树，像是高超的农艺师；算经济账，又绝对是精明的农场主；他循循善诱，教人靠经营农业发财，利国利民。《齐民要术》的实用性是毫无疑问的。魏根深先生把纸上的食谱读成盘中的菜式，贾思勰若泉下有知，定会引为知音。只可惜，像魏先生这样的读书人，在现代已凤毛麟角，在古代恐怕也难成主流。那么，传统时期的中国

1 ［北齐］颜之推撰，王利器集解：《颜氏家训集解》卷五《止足第十三》，中华书局 1993 年，第 345 页。

2 ［北齐］颜之推撰，王利器集解：《颜氏家训集解》卷一《治家第五》，中华书局 1993 年版，第 43 页。

3 ［北宋］贾思勰著，石声汉校释：《齐民要术今释》卷五《种榆白杨第四十六》，中华书局 2009 年版，第 428—429 页。

图十五：南宋 杨威（传）《耕获图》（局部）

《耕获图》，绢本设色，25.7 厘米 ×24.8 厘米，现藏北京故宫博物院。杨威工田园山水画，据传此纨扇小品山水画为其所绘。我们看到，画面所描绘的是宋代地主庄园里的劳作场景。在坐落于山脚下的农庄里，阡陌纵横，河水潺潺，廊檐下，院落中，田地间，到处是忙于农事的身影。画面最下方的农人正忙着抢收，割毕的谷物被挑至河对岸的场上，部分搭架晾晒，部分用连枷打场，接着将打下的谷物用簸箕去糠，而后拿去或春或磨。从收刈到春磨入仓，整个细节流程在画面中的呈现颇为清晰。画面偏中上方，有人在犁地、薅草；右下方，有人在插秧；河边上还架着一个小型水磨，四人正踩着动力装置，帮岸边的人汲水灌田。借此画面，我们对江南农家日常劳作的情形便有了更直观的感受。

人是怎样阅读《齐民要术》的呢？

回答这个问题之前，需要说明一点，在古代，一本书写出来并不等于就能够被读到。时代越往前，书籍被读到的可能性越小，读者面越窄。宋代以前，书籍的复制方式是抄写，最初主要抄在简牍上；东汉以后，“又造纸以当策”，与简牍并行；公元403年，桓玄代晋，下令：“古无纸，故用简，非主于敬也。今诸用简者，皆以黄纸代之。”[1]书籍复制的简牍时代结束，进入纸质写本时代。至宋代，又更上层楼，迈入雕版印刷时代。从韦编三绝的简牍时代到纸质写本时代，再到雕版印刷时代，知识的传播变得越来越容易、越来越广泛，更多人得以读到更多的书，中国人的知识量与知识面不断拓展。在雕版印刷时代，《齐民要术》的读者范围扩大了。宋真宗天禧四年（1020年），四川利州路转运使李防请求雕印《四时纂要》《齐民要术》两部农书，发放到各地的劝农司，“以勖民务”，这是第一个版本。[2]几年之后，《齐民要术》的一个精刻本诞生，这个刻本的印数并不大，“非朝廷要人，不可得”。南宋绍兴十四年（1144年），舒州知州张辚又根据北宋的版本重刻了《齐民要术》，“以广其传”，“欲使天下之人，皆知务农重谷之道”[3]。《齐民要术》的宋朝读者应当包括劝农司的官员们，“朝廷要人”及其友朋，以及“天下之人”。

北宋末年，《齐民要术》曾经在山东地区流行，山东士人果然有施行“《要术》中种植蓄养之法”[4]的，一时传为美谈。劝农司的官员当然会把《齐民要术》当作农书来读，但他们是国家官员，不是土地的所有者和经营者，而且宋代土地经营规模没有那么大，时代不同，立场不同，这些官员能够从贾思勰这里汲取的东西不会太多，技术性

1 ［唐］徐坚：《初学记》卷二一《文部·纸第七》，中华书局2004年版，第517页。

2 参见［宋］李焘：《续资治通鉴长编》卷九五，第2191页。

3 ［宋］葛祐之：《齐民要术后序》，见贾思勰著，石声汉校释：《齐民要术今释》，中华书局2009年版，第1224页。

4 同上。

的东西还可以有，经营方式就没办法照搬了。时代的差异造就了完全不同的作者与读者。贾思勰是土地的主人，依靠土地为生。宋代的士大夫是国家的官员，靠做官为生。在贾思勰眼里，土地是生活的来源。在宋朝的士大夫眼里，土地是老百姓的生活来源，而他们是管理老百姓的人。比如，土地上的树，贾思勰讲种树之法，讲怎样赢利。而司马光只是用树来打比方讲道理："子不见夫树木者乎？树之一年而伐之，则足以给薪苏而已；二年而伐之，则足以为桷；五年而伐之，则足以为楹；十年而伐之，则足以为栋。夫以为收功愈远而为利愈大乎？"[1] 桷是方形的椽子，楹是堂屋前的柱子，栋为房屋的脊檩。贾思勰看到的是实打实的树，而司马光透过树木看到的是道理。

还有人引用《齐民要术》来展示自己学问博雅。宋代陈师道有一句诗"丛篁侵道更须东"，同为宋朝人的任渊给这首诗作注说：《齐民要术》曰"竹性爱西南引，谚云：'东家种竹，西家治地。'此言更须东，谓自已侵道，不须复东引也"。近人余嘉锡认为，任渊的掉书袋实在"迂曲难通"，陈师道的诗意思十分简单，是说他要去东山拜谒外祖父的墓，"墓在东山，谒墓须向东行"[2]，更无他意。

贾思勰自谦写作《齐民要术》的初衷是指导家童怎么工作，"鄙意晓示家童，未敢闻之有识；故丁宁周至，言提其耳，每事指斥，不尚浮辞"[3]。"不尚浮辞"的《齐民要术》，在五百年之后的宋朝已经成为典故的来源；宋朝至今又过去了一千多年，沧海桑田，语言变迁，《齐民要术》已经变得非常难懂了。

在现代，《齐民要术》首先属于学术界，只有专家学者才读它。读《齐民要术》的学者一部分是语言学家，一部分是农业史专家、饮

---

1 ［宋］司马光：《释迂》，见《全宋文》卷一二二二，上海辞书出版社、安徽教育出版社 2006 年版，第 56 册，第 199 页。

2 余嘉锡：《四库提要辨证》卷二二《集部三 · 别集类七 · 后山诗注十二卷》，中华书局 2007 年版，第 1377 页。

3 ［北魏］贾思勰著，石声汉校释：《齐民要术今释》，中华书局 2009 年版，第 12 页。

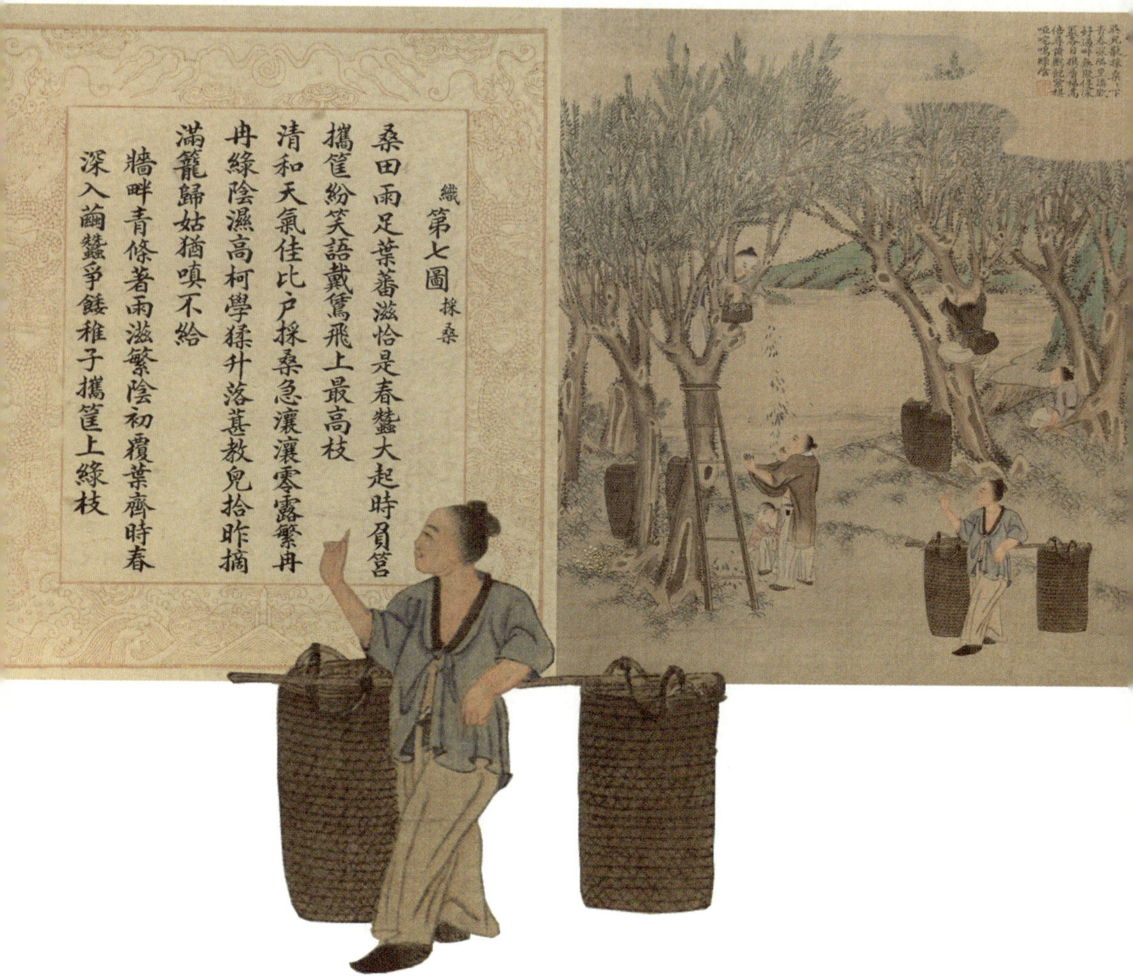

食史专家，一部分是普通历史学家。语言学家把《齐民要术》当语料库看，因为它的语言相当接近当时的口语，使用了一批新兴的常用词，还有大量的新词和新义，既可补现有辞书之不足，也反映出此期汉语词汇的真实面貌。《齐民要术》的语言学研究题目有“连词研究”“否定副词研究”“新生复合词中的同义词研究”“使令兼语结构分析”等。农业史家用《齐民要术》来研究中国农业技术的发展，比如种桑的密度。普通历史学家研究贾思勰的生平、《齐民要术》的成书年代、版本流传情况。关于《齐民要术》的成书年代，没有直接记载，前辈学者根据贾思勰所作的《齐民要术》注中的点滴资料，一点一点比定，判断《齐民要术》成书时间在公元535—544年，而这个时间已经不是北魏，而是东魏，所以要硬抠的话，“北魏贾思勰的《齐民要术》”

图十六：清 焦秉贞 《耕织图》之采桑

《耕织图》，清代焦秉贞绘。焦秉贞师从汤若望，是第一位融合西方画风的清代画家。该组画由 23 幅耕图与 23 幅织图构成。其中诗由康熙题作，画由焦秉贞绘就，与《诗经 · 周颂》的完成模式如出一辙。据说康熙南巡时，见耕农、织女之辛苦，遂命焦秉贞绘《耕织图》。此画以南宋楼璹的《耕嫁图》为创作原型，描绘了耕种、织布、采桑等农业生产过程。在以农立国的社会，统治阶级颇为重视农业生产，故《耕织图》也成为历代帝王看重的绘画题材。本段呈现的是“织”幅中的采桑场景，左侧诗云：“桑田雨足叶蕃滋，恰是春蚕大起时。负筥携筐纷笑语，戴鵀飞上最高枝。”画中，有人正用前襟接桑叶；有人正攀缘而上去采桑叶；有人斜倚挑担上，优游地等桑叶入筐，以便担走；还有人在桑树下摸鱼发呆。焦秉贞以透视法让画作显得饱满立体，鲜活细腻，农耕时代朴素的美感扑面而来。

这种说法其实是不准确的。

贾思勰祖籍武威，九世祖避祸来齐，故里在北魏青州齐郡益都县（县治约在今寿光城南十里）。这就引出了《齐民要术》的另外一个密集读者与作者群。根据粗略观察，21 世纪的《齐民要术》研究已经具有鲜明的“山东特质”和“寿光主导性”，比如山东农业大学的硕士论文有《浅谈〈齐民要术〉与现代寿光蔬菜种植》。到 2018 年，寿光“齐民要术研究会”主持的中华农圣文化国际研讨会已经开到了第九届，其出版的《中华农圣贾思勰与〈齐民要术〉研究丛书》共计二十册五百余万字，蔚为大观。其中，《齐民要术与蔬菜产业发展》一书的两位作者令人瞩目：一位是“中国大棚蔬菜之父”王乐义，一位是寿光农业局管理专家信俊仁。这套丛书的书评写得很有意思：

> （“丛书”）一改以往农史研究非高校即科研机构的局限。研究者更接近生活，其成果也就更接近现实需要；研究视域更加开阔，其成果内涵也就更加丰富实用……从著作内容情况看，其研究深度或有浅显之处，行文逻辑抑或有值得推敲之处，但……作者群体扎根于生活和科研一线的实际，让“丛书”少了些学院派阳春白雪的“闺”气，多了些现实派下里巴人的“土”气，这对农史研究来说，不是坏事，恰恰是值得肯定的好事。

大棚蔬菜之父来研究《齐民要术》，当然是好事。实践性本来就是《齐民要术》的灵魂。只是已过去近一千五百年，世易时移，当年童仆能读懂的文字已经变得专家都不容易读懂了，所以，还得从那些看上去离得最远的语言学家、历史学家的研究入手，才能真正读懂贾思勰。当然，若论精神，贾思勰与寿光今天的农业经营者是息息相通的。

一部《齐民要术》，竟有如此多的读法。但如果可能，我还是希望能加入魏根深先生的课题组，用舌头来品尝历史。

脍炙的退撤

“吃肉”是一个重要问题。《曹刿论战》中讲到，公元前684年，齐国攻打鲁国。战前，鲁国平民曹刿请求面见庄公讨论战局。曹刿的乡邻嫌他多事，说：“肉食者谋之，又何间焉？”这是肉食者才应该讨论的事情，你又何必插一杠子？曹刿回答说：“肉食者鄙，未能远谋。”肉食者见识浅薄，没有远虑。

“肉食者”意指“吃肉的人，当权者”。这个注释来自西晋杜预的《春秋左传注》：“肉食，在位者也。”为什么肉食者就是在位者呢？唐代孔颖达的《春秋左传正义》做了详细的论述：在《孟子》所描述的王道世界中，庶人生活的理想状态是“五亩之宅，树之以桑，五十者可以衣帛矣，鸡豚狗彘之畜无失其时，七十者可以食肉矣”。由此可以推知，七十岁以下的“贱人不得食肉”，所以说肉食者即在位者。

《左传・襄公二十八年》提到“子雅、子尾之食”时说：“公膳日双鸡。”《左传・昭公四年》说“颁冰之法”时云：“食肉之禄，冰皆与焉。大夫、命妇丧，浴用冰。”由此可见，“则大夫以上，乃得食肉也”。

“肉食者鄙”是曹刿的主观判断；按制度，春秋时期贵为大夫，方可食肉。秦汉以后的官僚同样也是“肉食者”。初唐王梵志诗云：“仕人作官职，人中第一好。行即食天厨，坐时请月料。得禄四季领，家口寻常饱。职田佃人送，牛马足踖草。”[1]此诗大俗写实，当官的确有饭吃。曹魏时期竹林七贤之一的阮籍，人称“阮步兵”，因为他做过步兵校尉。这步兵校尉是阮籍主动求来的，“籍闻步兵厨营人善酿，有贮酒三百斛，乃求为步兵校尉”[2]。唐代官员的工作餐，中书、门下两省的供奉官和监察御史，每天的定量是三头羊，到了大朝会的

1 ［唐］王梵志著，项楚校注：《王梵志诗校注》，上海古籍出版社1991年版，第662页。

2 ［唐］房玄龄等撰：《晋书》卷四九《阮籍传》，中华书局1974年版，第1360—1361页。

日子，人多，再加一只；冬天加热汤饼和黍臛（黍米肉粥），夏天加冷淘、粉粥，每遇节令还有特殊的加餐，比如端午节的粽子、寒食节加了麦芽糖的饧粥。所有官员中吃得最好的，当然是宰相府。唐朝宰相府人称“政事堂”，宰相的小厨房称为“堂食”或“堂馔”。唐代宗时，宰相常衮认为堂馔过于丰盛，想要稍加减损，遭到了同列的一致反对。当时政坛所认同的观念是“厚禄重赐，所以优贤崇国政也，不能，当辞位，不宜辞禄食”[1]。当多大的官、负多大的责任，就吃多高级的饭，若无才干，就应当辞职，而不应该辞去俸禄。窃以为，以此标准来衡量政治人物，比一味强调私德、忽略治理能力要强得多。当然，我们做此评论是有前提的，传统中国是等级社会，没有平等观念，而丰盛的堂馔属于制度规定，光明正大，无可厚非。

那么，古人所吃的究竟是什么肉？牛肉虽美，但绝对不是评书说的那样，随便就能让小二“切二斤牛肉来”。牛和马一样，是主要的动力来源，按照《礼记·王制》的记载，“天子社稷皆太牢，诸侯社稷皆少牢”，太牢（牛）、少牢（羊）是尊贵的祭品，非寻常肉食，“诸侯无故不杀牛，大夫无故不杀羊，士无故不杀犬豕”。秦汉以降，历代均有屠牛之禁。“牛者，所以植谷者，民之命，是以王法禁杀牛，民犯禁杀之者诛，故曰必亡之数。”[2]

秦汉时期的肉食种类，主要是猪、狗、羊、鸡和各种野味。猪和狗是最常见的肉源，各地出土的汉墓壁画和画像石、画像砖，“只要出现庖厨图，宰猪和屠狗都是最常见的”[3]。从北朝开始，随着游牧民族的南下，中原的肉食习惯发生了重大转变——羊肉变成了统治阶

1 ［宋］欧阳修、宋祁撰：《新唐书》卷一一三《张文瓘传》，中华书局1975年版，第4187页。

2 这是东汉高诱的注。［汉］刘安编，刘文典撰，冯逸、乔华点校：《淮南鸿烈集解》卷一六《说山训》，中华书局2013年版，第541页。

3 林剑鸣、余华青、周天游等著：《秦汉社会文明》，西北大学出版社1985年版，第207页。

级的最爱。[1] 根据《唐六典》，亲王以下所赐食料“每月给羊二十口、猪肉六十斤、鱼三十头”。后唐长兴三年（932 年）岁末，“奉圣旨，赐内外臣僚节料羊，计支三千口”。这“三千口”是一次性下发给官员的过节羊。此外，“供御厨及内史食羊，每日二百口，岁计七百万余口。酿酒糯米二万余石”[2]。这个数字让后唐明宗惊骇。宋神宗时，御厨一年的肉食消耗量为“羊肉四十三万四千四百六十三斤四两，常支羊羔一十九口，猪肉四千一百三十一斤”[3]。肉食者胃口惊人。

相较于羊肉，猪肉长期被认为是一种不太美味或者不太健康的肉类。宋朝的御厨原则上“不登彘肉”，实际上还是有的，只是不多。传统医书，从南朝梁陶弘景的《名医别录》到元代忽思慧的《饮膳正要》、明代李时珍的《本草纲目》，对猪肉的评价一直相当负面，比如说它“味苦，无毒，主闭血脉，弱筋骨，虚肥人，不可久食；动风、金疮者尤甚”。上层对猪肉的喜爱应当来自金朝和清朝，是东北习俗。清朝杨双山的《豳风广义》就认为北方的猪肉比南方的好：南方的猪肉仍然是“弱筋骨，虚人肌，不可久食”的；北方的猪肉则“味甘，性平，无毒，大能补肾气虚损，壮筋骨，健气血”，但吃无妨。

老百姓难得有肉吃，自然不会挑剔，日常的动物性蛋白质来源，主要是小鱼、小虾和鸡蛋，20 世纪 70 年代的唐山农村仍然如此。用“斗酒只鸡”来飨祀亡人，[4] 物虽微而足成敬意。“家畜五母之鸡，一母之豕，床上有百钱布被，甑中有数升麦饭”被认为是安居乐业的标配。[5]“丰年留客足鸡豚”是民间的盛宴。上层不爱的猪肉，却是民间难得的美食：“黄州好猪肉，价贱如泥土。贵者不肯吃，贫者不

1 王利华：《中古华北饮食文化的变迁》，中国社会科学出版社 2000 年版，第 143 页。

2 ［宋］王钦若等编纂，周勋初等校订：《册府元龟》卷四八四《邦计部 · 经费》，凤凰出版社 2006 年版，第 5494 页。

3 朱瑞熙、张邦炜等著：《辽宋西夏金社会生活史》，中国社会科学出版社 1998 年版，第 6 页。

4 这是曹操与桥玄的约定，典出《后汉书》。［南朝宋］范晔撰，［唐］李贤等注：《后汉书》卷五一《桥玄传》，中华书局 1965 年版，第 1697 页。

5 参见［唐］李延寿撰：《南史》卷五五《罗研传》，中华书局 1975 年版，第 1369—1370 页。

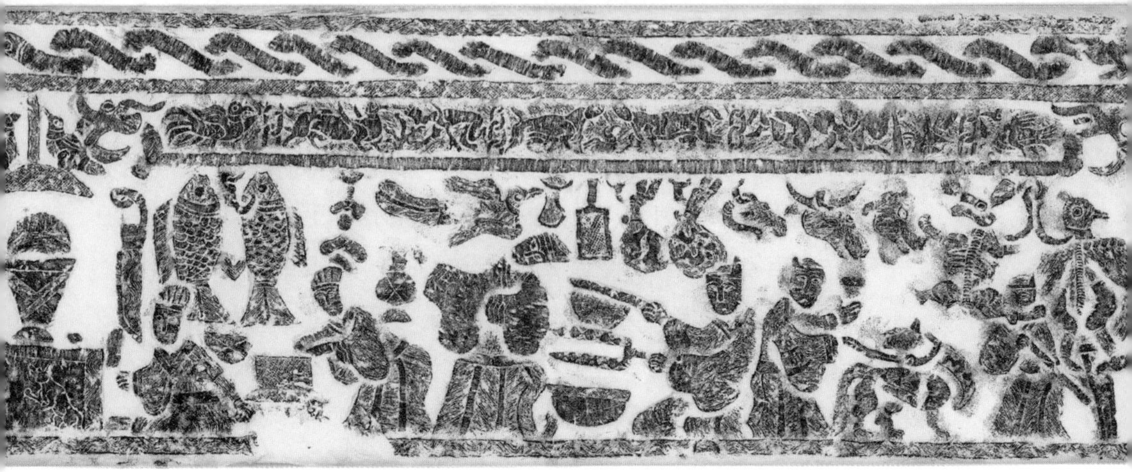

图十七：汉画像石 《庖厨图》

汉画像石《庖厨图》，画面尺寸为 121.5 厘米 ×44.5 厘米，现藏临沂市博物馆。从拓片可以看到：左侧有一个方形灶台，上置一烹煮器具，有一妇人正在灶台前烧火，在其右后方，悬挂着两尾大鱼；再后面是一躬身沽酒的妇人，妇人身后有一男子一边举着酒壶等待盛酒，一边歪着头瞅着一旁的烤串儿；画面中间正是跪坐着烤肉串儿的男子，只见他左手举肉串儿，右手持一把扇子扇火，此刻的厨房里或已弥漫着烤肉的香味了。我们还可以看到，在厨房右侧的墙壁上，悬挂着羊腿、羊头、牛头、猪头、猪腿及飞禽等各类肉食。通过此画像石，我们对古代的食肉情况便有了更为直观的认识。

解煮。”遇到见多识广、爱吃能煮的苏子瞻，就创造出了流传千古的“东坡肉”，想起来便觉齿颊生香。《东京梦华录》描写北宋末年开封赶猪进城场面，煞是可观：“民间所宰猪，须从此[1]入京。每日至晚，每群万数，止十数人驱逐，无有乱行者。”第二天天一亮，这些前一天还活蹦乱跳的猪就成了案子上的肉，“坊巷桥市，皆有肉案，列三五人操刀，生熟肉从便索唤，阔切、片批、细抹、顿刀之类”。镇关西的同行们就在这里熟练地操刀卖肉。

1 指南熏门。

图十八：北宋 张择端 《清明上河图》（局部）

此图出自北宋张择端《清明上河图》中不太显眼的一角。我们看到，画面中有一群猪从树荫下晃晃悠悠走了出来。南宋孟元老在《东京梦华录》中追忆了北宋末年赶猪进开封城的场面，煞是可观：“民间所宰猪，须从此入京。每日至晚，每群万数，止十数人驱逐，无有乱行者。”赶猪人从南熏门将次日待宰的数十万头猪赶入开封城，次日天一亮，这些活蹦乱跳的猪就成了砧板上的肉：“坊巷桥市，皆有肉案，列三五人操刀，生熟肉从便索唤，阔切、片批、细抹、顿刀之类。”上层不爱的猪肉，却是民间难得的美味：“黄州好猪肉，价贱如泥土。贵者不肯吃，贫者不解煮。”而猪肉遇上爱吃能煮的苏子瞻，就有了千古美味“东坡肉”，想来也觉齿颊生香。

图十九：宋 佚名 《雪渔图》（局部）

《雪渔图》，宋代佚名绘，绢本设色。《雪渔图》全卷呈现的场景，既有撑竿捕鱼的人，又有下罾捞鱼的人，还有岸边骑驴的旅人。本书将生动的捞鱼画面放大呈现：冬雪初霁，溪江岸边有数人下罾捞鱼，他们弓身压着方渔网的支架，静静地等鱼儿入网，旁有一扛竿敞衫者，似乎待会儿要下水去捞浮着的鱼篓。画作笔触精妙细腻，构图疏朗简约，似也稍稍淡化了雪霁后的冬日寒意。

肉的吃法，在炒法发明推广以前，主要是炖煮和烧烤两种。后来演变为礼器，成为权力和地位象征的鼎，本来是煮肉器。《左传》载，鲁宣公四年（前 605 年），郑灵公得到了一只鼋（大甲鱼），煮了大宴群臣，邀请了公子宋，却故意不给他吃，公子宋“染指于鼎，尝之而出”，以示愤怒，最终谋害了郑灵公——这大概是史上最贵的一鼎甲鱼汤。今日俗称的“烧烤”在古代叫作“炙”，是另外一种古老的肉食烹饪技法。孔子的学生曾子食脍亦食炙。《齐民要术》卷九记载了二十二种炙法，烧烤的对象包括肉类、灌肠、动物内脏和各种水产，丰富之程度可与北京簋街的烧烤相媲美。《齐民要术》炙法之讲究，绝对值得学习借鉴。比如“捧炙”（捧亦作俸），大牛用膂（里脊肉），牛犊可以用腿肉；烤的时候“逼火偏炙一面，色白便割，割遍又炙一面”，刚一变色就切下来，以确保肉质“含浆滑美”。贾思勰还提醒操作者“若四面俱熟然后割，则涩恶不中食也”。魏晋时期的烧烤，南北通吃。《晋书·王羲之传》载，王羲之自幼“讷于言”，语言发育略为迟缓，“人未之奇”。十三岁时他去拜谒周顗，周顗“察而异之”，觉得这位王公子不一般。当时最流行“牛心炙”（烤牛心），周顗烤好，先割下来给王羲之吃，于是王羲之“始知名”。士族高门亲自操刀烤肉，以啖宾朋，场面颇具社交意味。

图二〇：《烧烤》 嘉峪关壁画墓 魏晋

这是嘉峪关魏晋壁画墓中的一幅烧烤图。嘉峪关位于长城最西端，被称为“河西咽喉”“边陲锁钥”，是古代“丝绸之路”上民族交流融合的重要据点。此壁画所描绘的燔炙（烤肉串），本为胡人饮食，此时已是河西豪族宴饮时必不可少的佳肴。士族高门亲自操刀烤肉，以啖宾朋，场面颇具社交意味。《晋书·五行志》对北方饮食有如下记载：“相尚用胡床、貊盘，及为羌煮貊炙，贵人富室，必蓄其器，吉享嘉会，皆以为先。”画中三叉戟外形的肉串颇具特色，左边食客蓄着的小八字胡也颇为亮眼。席地而坐，烤肉谈天，不失为一种轻松的交流方式。

与炙齐名的肉类烹饪技法是脍，孔子“食不厌精，脍不厌细”，脍就是切得很细的生肉。《礼记·内则》中所列“八珍”的烹调术中就有生食肉类的捣珍和渍。捣珍的做法，是“取牛羊麋鹿麇五种里脊肉等量，用棰反复捣击，去筋，调成肉酱”。渍是取生牛肉横断薄切，浸湛美酒，一日一夜，取出与梅子酱同食。[1]脍最常见的食材是淡水鱼类。《诗经·小雅·六月》有“饮御诸友，炰鳖脍鲤”。杜甫《丽人行》“犀箸厌饫久未下，鸾刀缕切空纷纶”所描述的也是斫脍场面。唐段成式《酉阳杂俎》写了一个小故事：和州（今安徽）有刘姓前任官员，饭量奇大，“尤能食脍”，常说自己食脍从来没吃饱过，于是就有好事者打了一百多斤的鱼，纠集了一帮人来看着他吃，结果就吃出个“大如黑豆”的“骨珠子”，见风就长，“顷刻长及人”，抓住老刘就打。老刘被打得头破血流，“自是恶脍”。这“骨珠子”大约是来寻仇的鱼类之精。

在唐代，脍虽仍然南北通有，却已经开始了由北向南的退撤。研究认为，“大致上最迟从9世纪初以来，生活在北土的一般平民当已几乎没有人吃鱼脍了”，“吃生鱼的地域主要是在淮河之南的南土，其中江南吴越一带尤为著名”。[2]脍因此成为南方人的家乡菜，食脍成了他们在北方长期生活时慰解乡愁的良方。北宋中期，“南馔未通，京师无有能斫鲙者，以为珍味”。安徽宣城人梅尧臣家里有个老婢“独能为之”，于是，江西吉安人欧阳修，临江人刘敞、刘攽兄弟“每思食鲙”，便会提着鱼去拜访梅尧臣。[3]而每当梅尧臣得到了适合斫鲙的食材，也一定会催促各位赶紧前来。“主人爱客不计钱，少妇缕鲙情可怜。蜀姜吴橘正相益，炊菰絮羹还慊然。”[4]啖美味访挚友，相谈甚欢，令人向往。庆历新政失败后，欧阳修外放河北，有人大老

1　许倬云：《西周史》，联经出版事业股份有限公司1984年版，第242—243页。

2　萧璠：《中国古代的生食肉类肴馔——脍生》，载《“中央研究院”历史语言研究所集刊》，第71本，第2分（2000年6月），第247—365页。

3　［宋］叶梦得：《石林避暑录话》卷四，上海书店1990年影印涵芬楼旧版，第8页。

4　［宋］刘攽：《和梅圣俞食鲙歌》，见周义敢、周雷编：《梅尧臣资料汇编》，中华书局2007年版，第46页。

远地送了梅尧臣十六尾鲫鱼，梅尧臣想到当年与欧阳修同食鲫鱼脍的情景，黯然伤神，为诗曰：“昔尝得圆鲫，留待故人食。今君远赠之，故人大河北。欲脍无庖人，欲寄无鸟翼。放之已不活，烹煮费薪棘。”[1]“欲脍无庖人”，看来那个善于斫脍的老婢已经不在，而梅家也没有培养出新的斫脍人。“烹煮费薪棘”，梅尧臣心疼柴火也是对的。在北宋，开封周边的燃料供应已经比较紧张，所以开始流行炒。人们放弃炙的原因除了燃料紧张以外，可能还有士大夫行为方式的变化，他们变得越来越文雅，再自己动手烤肉，恐怕会有“焚琴煮鹤”之憾了。鱼生的退撤，恐怕主要还是出于卫生方面的考虑。从汉代张仲景起，历代医书都在不断地提醒人们生食的坏处，比如“食脍、饮奶酪，令人腹中生虫，为瘕”[2]，瘕就是寄生虫。

在北宋还吃鱼脍的江西人和安徽人，到了明清也放弃了这种口味，鱼脍继续向南退撤，一直退到广东、云南等边远地区。明末清初番禺人屈大均所作的《广东新语》就提到当地风俗，冬至要“食鲙为家宴团冬”，又说“鱼生以鲥鱼为美，他鱼次之。予家在沙亭乡，池沼颇多，亲戚相过，必以斫鲙为欢，以多食鲙为韵事”。

我很晚才知道鱼可以生吃，而且还很好吃。我以为鱼生是日本食俗，没想到中国古人也吃，而且吃了很多年；而烧烤也绝对不是西北特产或者韩国食俗。曾经脍炙人口的两种烹饪方式，由于种种原因逐渐淡出华夏食俗；又随着中国的现代化，在全球化的进程中，作为异域食俗再次丰富了华夏饮食。作为首都的北京，不仅聚集了全国各地的美食，而且拥有来自世界各国的风味，尽管很多时候未必那么地道，但是足够多元。饮食的多元不仅是口味的宽容，也是见识的广大和胸襟的开放。

1 [宋]梅尧臣：《宛陵集》卷一一《蔡仲谋遗鲫鱼十六尾，余忆在襄城时获此鱼，留以迟欧阳永叔》，吉林出版集团影印《四库全书》荟要本，2005年，第373—90页。

2 [东汉]张仲景著，[清]高学山注，贾成祥等校注：《高注金匮要略》，中国中医药出版社2015年版，第289页。

吃饭的故事

2018 年底，网上流行过一个名为“看看老外是怎么吃中餐的”有趣视频。画面中六个老外围坐在大圆桌旁，一人面前放一盘菜，各吃各的，有两个干锅、两个砂锅、一个清蒸鱼，还有一位女士面前是空的，应该是在等菜。桌子中间的转盘上有两盘菜，目测其中一盘大概是杂粮馒头就小炒黄牛肉，还有一盘是炝炒圆白菜，这两个菜都已经动过，可能属于共享部分。从画面呈现的周围环境可以断定，这顿饭食的地点是国内的某个餐馆。从画面中几位老外使用筷子的熟练程度来看，他们应该都是吃中餐的行家。但是，他们采用的进餐方式却是绝对西式的，前菜（圆白菜和杂粮馒头）一人分了一点儿，而主菜则是一人一道，各吃各的。这种充满着个人主义色彩的分餐制，显然不是中国式吃饭的正常方式。我们的是合食制，所有菜品，不管是谁点的，都应当摆在圆桌中间那个玻璃转盘上，哪个菜转到谁面前，谁就用公筷夹一点到自己的盘子里，不爱吃的可以不夹，但是再爱吃的也不能独占，一顿饭吃下来，只要你不挑食，所有的菜都吃到了。

这就是合食制，合食制的精神是集体主义的，它强调共享。这种共享，在我和我的朋友们之间是平等而友爱的，我们会彼此谦让，希望对方吃到自己认为好吃的那道菜，当然也会尊重对方的品味，无论如何也要尝一尝对方极力赞美的菜品。但是，在大多数时候，合食制共享而不平等，餐桌本身就是一个等级秩序的微型展示场。据说会看的人一眼就能看出这桌上谁是买单的，谁是最尊贵的客人，谁是陪吃的——当然，能够看出来的前提，是这桌人得是“会坐的”。某老师刚从外单位调到北大历史系，私底下跟我开玩笑说：“你们北大的人不会坐，坐得都不对。”我这才知道，原来餐桌座次是有所谓对错的，而北大历史系在这方面一贯懵懂。我们敬爱师长，却没有把这种尊重上升为等级关系，进而物化到现实座次当中；而我们的师长也糊里糊涂地快乐着，平等杂坐于众人之中，言笑晏晏，不觉有他。

现代人常常以为，合食制与分食制是中与西、传统与现代，甚至

图二一：北宋 赵佶 《文会图》（局部）

《文会图》，北宋宋徽宗赵佶绘。绢本设色，立轴，184.4 厘米 ×123.9 厘米，现藏台北故宫博物院。谈到合食与分餐，我们可从《文会图》中看到一些表现。古代食制与环境有一定关系，在高足坐具出现前，古人多席地而坐，这种坐姿导致大家之间的距离相对远一点儿，且不容易站起来，所以，进食时就采用较为便利的分餐制，一人一份，各食各的。但当高足桌椅出现后，大家围桌而食，且椅子可靠得更近，那么，合食制就应景而生。当然，食制的变化与物质资料的丰匮也有一定关系。当食材相对紧张时，分餐制可保证每人都能吃到差不多的食物，但当食物丰富时，不受限制享用的合食制便应运而生。画中，徽宗与九位文臣围坐在摆满杯盘碗盏的方桌边，或私语，或畅聊，或倾听，或换盏，意兴盎然，颇为惬意。

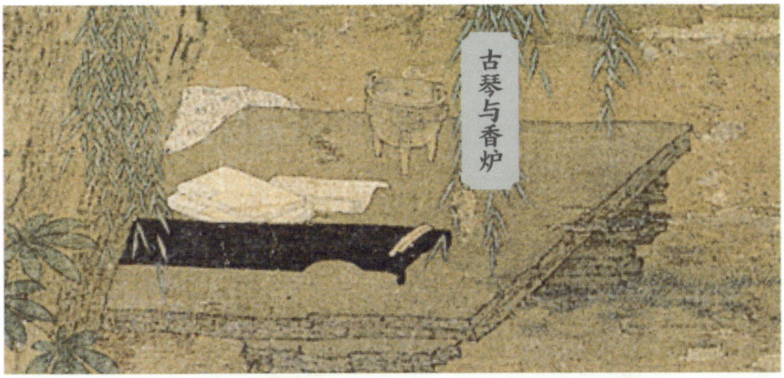
古琴与香炉

大人请慢用

装盘盛酒
好渴啊

落后与先进之间的分别。20 世纪 80 年代初，曾有卫生部官员、传染病专家和烹饪专家合力抨击合食制是陈规陋俗，“津液交流”一词即出自语言学家王力的散文《劝菜》，文中说道，这“是一种不良的吃饭习惯，必须加以改革”。2003 年非典时期也出现过短时间的“合食恐慌”。但是，抨击也好，恐慌也罢，都没能动摇合食制在中国饮食文化中的地位——加上一双公筷，卫生的问题基本上就解决了。到目前为止，中国最主流的吃饭方法还是同桌共享；不然，那六个老外也不会引起如此热烈的围观。然而，我们认真回顾历史就会发现，传统中国也曾实行过分食制。在华夏饮食发展史的时间序列上，分食制在前，合食制在后。

《史记·孟尝君列传》记载，战国时期四公子之一的孟尝君门下养了许多食客，“孟尝君舍业厚遇之……食客数千人”，不分贵贱，吃的都跟孟尝君本人一样。有一天晚上吃饭，由于照明条件不好，一位食客发现自己的饭不如别人的，以为受到轻视，大怒，丢下饭碗就要告辞。孟尝君赶忙站起来，“自持其饭比之”。现场比对的结果证明，这两份饭是一模一样的。“客惭，自刭。”为了一顿饭竟然自杀了。当然，我们能理解客人的惭愧不是因为饭食本身，而是因为自己心胸狭窄、自信不固，对孟尝君信任不坚，辜负了主人的好意。这样血气方刚、重义轻生的中国人，大概也只存在于战国和后战国时代了吧。那才是真的不谙世故，一派天真，把原则看得比性命重要，容不得任何道德瑕疵。由此也可以看出，战国时期分食制就已经存在了。

可以肯定地说，春秋战国以至于唐，中国人吃饭的方式都是分食制。成语“举案齐眉”出自《后汉书·梁鸿传》：梁鸿是一位很有德行的贤士，他娶妻以德，娶了贤而丑的女子孟光。梁鸿带着孟光从陕西老家跑到南方，穷得借住在别人家廊庑底下，靠出卖力气替人舂米为生。然而，在这样的穷困潦倒之中，孟光每次给梁鸿端饭，都“不敢于鸿前仰视，举案齐眉”。主人于是觉得，这个男人能够被老婆这样尊敬，一定很了不起，绝非凡人。“无足曰盘，有足曰案，所以陈举食也。”案和盘都是用来盛放食物的，案就是有腿儿的盘子。孟光齐眉捧的案上面放着的，就是梁鸿一顿吃的饭，这是分食制的明证。

分食制与当时的家居形制相匹配。分食制时代，人们的饮食起居都是在地板上，进门需要脱鞋。《庄子·列御寇》说，伯昏瞀人来拜访列御寇，发现列家“户外之屦满矣”。唐成玄英疏云：“适见脱屦户外，跣足升堂，请益者多矣。”汉末乱世之中，两个年轻人坐在同一张席子上读书，有达官贵人经过，车马喧哗。管宁“读书如故”，华歆扔下书跑出去看热闹，满脸羡慕。管宁把席子一割两半，对华歆说：“子非吾友也。”割席断交，这是在跪坐时代才能发生的故事。皇帝赐给大臣的特殊恩典之中，有一项很特别的“剑履上殿”，允许大臣佩剑、穿鞋上殿，这也是要放到跪坐时代才好理解的情形。席地而跪坐，臀部坐在脚底上，这是当时的正常坐法；臀部离开脚底、上身直立起来，叫作“长坐”；箕踞（叉开腿坐）被认为是很粗鲁的行为，当然，像佛那样结跏趺坐（盘腿坐）应该是端庄的。吃饭、读书、写字依靠的是较矮的案或者几，不讲究的人可以“据案大嚼”。

将目前已有的文字、图像和考古实物资料综合起来看，中国家居制度的演变从魏晋南北朝开始，到宋朝才进入高桌大椅时代。最初的新式坐具不是中国的发明，而是自西方传入，因此被称为“胡床”。胡床的支撑结构和使用方法都类似于今天的马扎，“敛之可挟，放之可坐，以其足交”[1]，所以隋朝以后改称“交床”。交床高，可以“着靴垂脚坐”[2]，不用脱鞋了。这种由新坐具带来的新坐姿被称为“胡坐”，它让人的身体姿态更为舒展。“胡床”“胡坐”从进入中国到发展成为完整的家居体系，经历了漫长的过程。唐代墓室壁画当中的坐具已经有一定的高度，可以垂足而坐了，但还不够高，而且相对宽大，可以供几人盘腿而共坐，有模仿席子的感觉，足见旧起居制度影

1 ［宋］司马光著，［元］胡三省音注：《资治通鉴》卷二四二《唐纪五十八·穆宗睿圣文惠孝皇帝》，胡注引程大昌《演繁露》，中华书局1956年版，第7822页。

2 ［唐］姚思廉：《梁书》卷五六《侯景传》，中华书局1973年版，第862页。

图二二：五代 卫贤 《高士图》

《高士图》，五代卫贤绘。绢本，淡设色，立轴，134.5 厘米 ×52.5 厘米，现藏北京故宫博物院。此图描绘的是东汉隐士梁鸿与妻子孟光“举案齐眉”的故事。《后汉书·梁鸿传》载：“为人赁舂，每归，妻为具食，不敢于鸿前仰视，举案齐眉。”梁鸿受雇为人舂米，每次回来，孟光就将为他备好的饭食端来，并将托盘举到齐眉位置，以示对丈夫的敬重。画面中，梁鸿盘腿坐在高足大床上，孟光跪于床前，恭敬地奉上饭食。孟光齐眉捧着的案上放的，正是梁鸿一顿吃的饭，这是分食制的明证。

如意

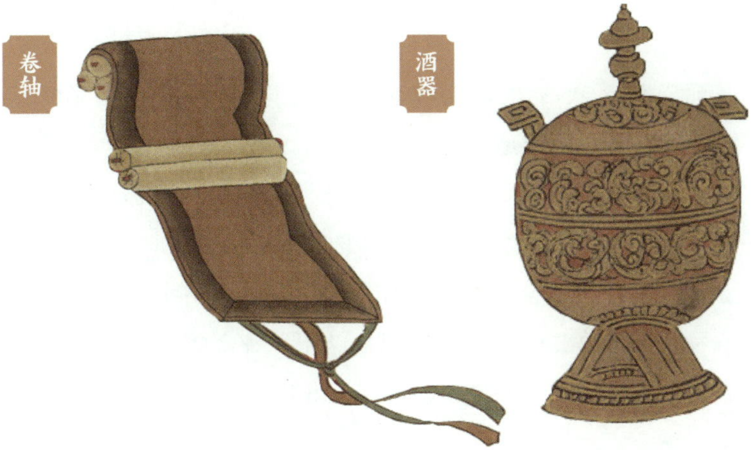

图二三：唐 孙位 《高逸图》之王戎

画中是唐代孙位所绘《高逸图》中“竹林七贤”之王戎，王戎是“七贤”中年龄较小的一位，比山涛小 29 岁。他是富家子弟，善清谈。画中王戎踝足趺坐，右手执如意，左腕悠闲地搭于右手上，似正与对面的人侃侃而谈。庾信在《对酒歌》中有“山简接篱倒，王戎如意舞”的描述，正是画中“王戎舞如意”的写照。如意这种器物，在古代象征祥瑞，是一种爪杖，通常用骨、玉、木、石、铜、铁等材质制作，长约三尺，前端形似手指。若脊背感到痒痒，而手不能及，便用来抓挠，能如人意，因之得名。这样看来，其实就是现在痒痒挠的原型。在王戎左后侧，是一位怀抱书卷的书童。从王戎的坐姿、身旁的器物，以及周遭的树石，我们可以感受到崇尚清谈与自由的魏晋之风。

响之顽固。可以确认为南唐作品的《重屏会棋图》，坐具的腿已经足够高，人的坐姿基本上像现代人，但是《重屏会棋图》里的坐具没有靠背，坐久了肯定相当辛苦。

到了北宋，白沙宋墓壁画夫妻对坐的《开芳宴》图上，桌子、椅子就都是高桌大椅版的了。著名的《韩熙载夜宴图》中，有人盘腿坐在靠背椅上，这种坐姿显然是席地而坐时代的流风余韵。倘若我们相信《韩熙载夜宴图》作于南宋，那就不得不感叹习俗的顽固了。有趣的是，“剑履上殿”的恩典一直到宋初还有两起，一起是宋太祖给主动投诚的吴越王钱俶，一起是宋真宗给长兄元佐。难道此时的朝堂还需要脱鞋上殿、席地而坐吗？我表示怀疑。这两起“剑履上殿”多半属于文字遗留，已经没有实际内容，只是荣誉而已。

高桌大椅与合食制差不多同时出现，当然，并不是说高桌大椅就一定会导致合食制。一方面，高桌更大的表面积为食物的陈放提供了便利条件，另一方面，合食制能够出现，还要得益于食物种类的日渐丰富与食物供应量的相对充足。20 世纪 80 年代批评合食制的人，认为分食制更卫生，可是分食制的出现显然不是出于卫生的需要，而是由于食物

重屏——白居易『偶眠』情景与山水屏风

图二四：五代南唐 周文矩 《重屏会棋图》

《重屏会棋图》，五代南唐周文矩绘。绢本设色，70.5 厘米 ×40.3 厘米，现藏北京故宫博物院。这是一幅反映宫中生活的写实画作。该画作因其构图特色而在历史上颇为有名，画面分近、中、远三景。近景所绘，是南唐中主李璟与其弟晋王景遂、江王景逷、齐王景达对弈的情景。图中四人围坐于高足坐具上，戴高帽、持盘盒，正面观棋者为李璟，弈者是景达和景逷。中景为一个大胡床，上摆放有投壶等器物。远景是绘有白居易“偶眠”之景的屏风，该屏风里独具匠心地又绘了一扇山水屏风，“重屏”因之得名。此画另一有趣之处是，景深有种透视感，但与通常认为的近大远小恰好相反——远宽近窄。因远处宽点儿，屏风能更大点儿，就可以布局更多内容，小屏风中的细节也能精致入微地呈现。这是中国画透视画法的创见。画中人物“着靴垂脚坐”，起坐方便，也不用脱鞋。但我们看到坐具没有靠背，坐久了或会感到辛苦。

图二五：《开芳宴》河南禹州市白沙镇 1 号宋墓前室西壁

《开芳宴》是一种墓葬中较常见的装饰图，多见于宋辽金元墓葬，其功用主要是传达墓主夫妇间和谐恩爱的关系，借此表现时人理想的家庭模式和道德观念。“开芳宴”是种特定宴席，与之对应的还有“开华宴”，前者由男方主办，后者由女方主办。此图为河南禹县白沙镇 1 号宋墓前室西壁的墓主夫妇，我们看到，这对夫妇对坐于两扇屏风后，画中桌椅皆为高足，且椅子还带有靠背，桌上摆放有酒壶、酒杯，屏风后的随侍者端来了其他食物，或正准备放在桌上。从此画中我们也可看到合食制的一些迹象。

供应量有限，倘若不事先分配好，可能会导致有人多吃多占，有人吃不饱。只有食物数量足够多，品类又足够丰富的时候，围桌共享才吃得愉快而热闹。

在北宋东京的餐饮业中，合食与分食是同时存在的。正店——大酒楼以喝酒为主，兼卖下酒茶饭，实行合食制。《东京梦华录》载，“凡酒店中，不问何人，止两人对坐饮酒，亦须用注碗一副，盘盏两副，果菜碟各五片，水菜碗三五只”。这种杯盘设置，跟今天两人下馆子的情形并无二致，但是器具材质却与今天有着本质的区别——开封的大酒楼用的是银盘银碗，那一套摆下来就是近百两的银子，这阔气劲儿是今天的普通馆子比不了的。当时酒店的下酒茶饭之丰富和服务态度之开放，今天的餐饮业恐怕也难以媲美。按烹制方法，下酒茶饭有羹、汤、签、烤、炙、煎、炒、烧等等，可以明确分辨的食物原料有羊、鸡、鹅、鸭，兔子、鹌鹑、鱼、虾、蛤蜊、蟹，有腰子、肺、肚、胘（牛百叶），还有蘑菇。所有这些下酒茶饭，都能做到“逐时旋行索唤，不许一味有缺”，客人临时要求改变菜谱，“或别呼索变造”，也能做到“即时供应”。不只如此，宋朝的酒店还允许外来商贩入店兜售各种熟食酒菜、时令鲜蔬、干鲜果品，“又有小儿子，着白虔布衫、青花手巾，挟白磁缸子，卖辣菜”，“又有托小盘卖干果子”；倘若仍不能令食客满意，酒楼还可以“使人外买”下酒菜蔬。当然，北宋的酒店之所以在菜品上如此大方，不是没有原因的。它们是酒店，拿了政府的配额造酒、卖酒，酒是主业，菜只是下酒之物，跟设法卖酒的望之恍若神仙的浓妆妓女一样，都是酒的推销员。

下正店一等，是专为吃饭而设置的食店，流行的似乎是分食法。按照《东京梦华录》的记载，开封食店行菜的小二哥简直就是最强大脑。“客坐，则一人执箸纸，遍问坐客。都人侈纵，百端呼索，或热或冷，或温或整，或绝冷、精浇、膘浇之类，人人索唤不同。行菜得之，近局次立，从头唱念”，报与后厨。须臾，“行菜者左手杈三碗，右臂自手至肩驮叠约二十碗，散下，尽合各人呼索，不容差错”。食客点菜，是“人人索唤不同”，而“行菜”端出来的，也须“尽合各人呼索”。这

图二六：北宋 张择端 《清明上河图》之正店

此孙羊正店出自张择端的《清明上河图》。我们放大细看，可以看到正店门口有很多卖小食的摊位，这些摊位售出的多为方便带走的速食；若想堂食，便可从正门入店。此正店共两层，进入后，你可以在一楼就座，也可拾级而上，到二楼落座进食。我们透过开着的每扇窗户，可看到店内的正在进食与交谈的食客，以及隐约可见桌上摆放的食器与酒壶，其中或为各色熟食酒菜、时令鲜蔬、干鲜果品等。倘若店内食材不能令你满意，你亦可让酒楼“使人外买”下酒菜蔬，这或为今日外卖之雏形。大酒楼以喝酒为主，兼卖下酒茶饭，这便是古代合食制的一个生动体现。

图二七：北宋 张择端 《清明上河图》之食店

下正店一等，专为吃饭而设置的食店，在张择端的《清明上河图》中也有体现。这些小食店临街开设，密密麻麻地坐落于汴河边上。放大观察，小食店错落相间，鳞次栉比。店前还架有纳凉的凉棚，有的业已残破。店内食客有的在与店家交谈，有的正等着店小二上菜。只见一小二哥端着两碗饭食匆匆向等待的食客走去。或许这位小二哥也有“左手杈三碗，右臂自手至肩驮迭约二十碗，散下，尽合各人呼索，不容差错”的功夫。画面以生动细腻的笔触还原了北宋汴京充满人间烟火气的沿街一角。

样看来，食店所供应的菜饭似乎是份儿饭，连菜带饭一人一碗，各吃各食。食店的就餐工具，“旧只用匙，今皆用筯矣”，从勺子到筷子的变化发生在北宋晚期。同样还有一个发生在宋朝的变化，是一日三餐制的普及，而从前是两餐制。

“八荒争凑，万国咸通。集四海之珍奇，皆归市易；会寰区之异味，悉在庖厨。”[1] 孟元老笔下的东京梦华令人神往。故国神游，初夏须上清风楼，尝新酒，配青杏、樱桃，吟诗作歌；天冷可往任店，打两角味道甘滑的羊羔美酒，让人烧起风炉，搞一个扑霞供（火锅涮肉），来一份炒蟹、一份旋切莴苣，切一只入炉羊腿，再请小二哥去武成王庙前海州张家的胡饼店里买三只新样满麻的烧饼来，“且有团圞暖热之乐”[2]。

吃茶去

现代世界的饮料大致可以分为三大类：一是含有酒精的饮料，比如白酒、啤酒、葡萄酒、调制酒；二是不含酒精但含有咖啡因的饮料，主要是咖啡和茶；三是既不含酒精也不含咖啡因的饮料，比如超市里一大排的各种汁和水。传统中国的饮料基本上也不出酒、茶和汁水这三大类。宋末元初周密写的《武林旧事》，其中有一处令人颇感惊讶——南宋的临安城里竟然存在一个琳琅满目的饮料王国，它的“凉水”（冷饮）就包括甘豆汤、椰子酒、豆儿水、鹿梨浆、卤梅水、姜蜜水、木瓜汁、茶水、沈香水、荔枝膏水、苦水、金橘团、雪泡、缩

1 ［宋］孟元老撰，伊永文笺注：《东京梦华录笺注·梦华录序》，中华书局2007年版，第1页。

2 ［宋］林洪撰，乌克注释：《山家清供》，中国商业出版社1985年版，第48页。

脾饮、梅花酒、五苓大顺散、香薷饮和紫苏饮，一共十八种，按照今天的标准，其中一些应该算凉茶了，这是夏天的供应。那款香薷饮解暑汤，《红楼梦》里的林黛玉还在喝。[1] 南宋临安的冬天则供应七宝擂茶、馓子葱茶和盐豉汤，往孤山上踏雪寻梅之后，热热地来上一盏，身体就由内而外地暖和了。当然，这些品类繁多的冷饮与热饮终不及酒与茶来得重要，它们通常是地方性和季节性的，可以在早市和夜市上摆摊售卖，质朴亲切，却成不得大气候。而酒和茶则完全不同，它们关系国计民生，影响政权之间的关系，而且是重要的文化符号。

中国人酿酒的传统可以上溯到夏朝。酒最初的用途主要是娱神，用于祭祀；秦汉以后，酒逐渐世俗化、平民化，成为一种全民性的饮料。《史记》卷六《秦始皇本纪》载，秦王政二十五年（前 222 年）五月，“秦既平韩、赵、魏、燕、楚五国”，统一在望，“天下大酺”。唐代张守节对“大酺”的解释是“天下欢乐，大饮酒也”。在“天下”或者某一区域范围内实行“大酺”，与民同乐，这种做法被后世帝王继承。最喜欢大酺的皇帝，唐代是武则天和唐玄宗，宋代有宋真宗。关于“大酺”，我理解为中国式的狂欢节，是中国人在相对严格的等级秩序、行为规范之下舒展身心的难得机会。既然要放松，当然要喝酒。就像宋真宗时的刘筠在《大酺赋》里说的：“有肴如阜，有酒如川。既醉既饱，无党无偏。”酒精的作用就是让人放松，微醺之时，身心舒泰，大醉之后，暂时忘掉已经内化于心的规矩束缚，或者假装如此，说一些平时抹不开面子的掏心掏肺的大实话，做一些正常状态下不敢做的肢体语言，酒醒之后，回归正常。

酒能醉人，靠的是酒精。酒精度的提高靠的是蒸馏技术，蒸馏酒可以达到四十度以上。蒸馏技术传入中国的时间，有多种说法，比较主流的是元代说，其他的还有宋代说和唐代说。在蒸馏酒出现和普及

1 《红楼梦》第二十九回《享福人福深还祷福，痴情女情重愈斟情》，人民文学出版社 1996 年版，第 402 页。

祭奠先祖后稷

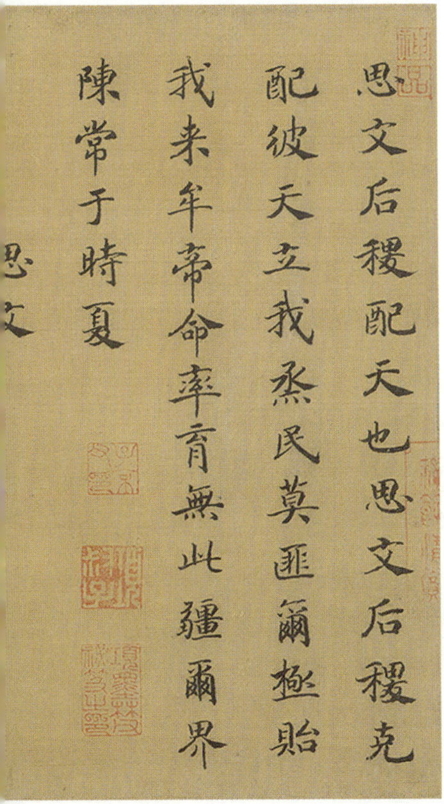

祭祀的各种礼器与酒器

祭祀仪仗

图二八：南宋 宋高宗赵构书 马和之绘 《周颂·清庙之什图·思文》

《周颂 · 清庙之什图》由被誉为“小吴生”的南宋宫廷画家马和之绘。绢本，973厘米 ×32.6 厘米，现藏辽宁博物馆。全图绘《清庙之什》共 10 篇，字画各 10 段，右书左画，书画相间，其中文字部分是宋高宗赵构的亲笔书法。画作包括《清庙》《维天之命》《维清》《烈文》《天作》《昊天有成命》《我将》等篇。本书呈现的是《思文》篇，反映的是娱神祭祀与颂扬周代先祖功德的场景。右侧书：“思文后稷，克配彼天。立我烝民，莫匪尔极。贻我来牟，帝命率育，无此疆尔界，陈常于时夏。”古人在祭祀时，多以各种酒食作为祭祀的供奉之物，故以各种酒器、食器盛放上丰富的酒食进行祭祀。通过画面我们看到，那些本来只用以吃饭、饮酒的器物，如鼎、樽、角、爵、豆、卣、盉等也就上升为了礼器，因为它们不仅作为容器存在，更承载着孝敬祖先的一种仪式感。

之前，大多数酒是酿造酒，度数最高不超过二十度，所以，爱酒人士大可不必过分仰慕刘伶、阮籍和李白，他们喝二锅头也喝不了多少。传统的酿造酒度数虽然不高，喝多了也能醉人。《三国志·韦曜传》记载，三国吴的末代皇帝孙皓，特别喜欢灌人喝酒，只要一开宴席就是一整天，在座之人不管酒量大小，每人七升，“虽不悉入口，皆浇灌取尽”，灌也得给灌下去。等到诸位大臣都喝高了，孙皓就会派自己身边的心腹拿话头儿去挑逗、嘲弄他们，让他们互相揭短，倘若哪一位不小心触犯了孙皓的名讳，就会被捆起来，甚至被杀头。史官韦曜“饮酒不过二升”，酒量浅，起初孙皓对他很客气，允许韦曜少喝或者“密赐茶荈以当酒”。后来，韦曜得罪了孙皓，最终被灌醉，收监下狱杀害。韦曜下狱是在公元273年，六年之后，魏灭吴，孙皓的“霸王宴”终于结束。三国时期的一升大概相当于二百三十毫升，韦曜的酒量两升是四百六十毫升，相当于小玻璃瓶装的燕京纯生一瓶半；孙皓灌酒的量是每人七升，也就是一千六百一十毫升，相当于五瓶多。只能喝两升的人非要照着七升灌，不喝光便是瞧不起寡人，喝光之后把心里话说出来，就犯了寡人的忌讳，足证是真的对寡人不忠——这大概就是孙皓的逻辑。在孙皓的宴席上，七升美酒无异毒药。

“慨当以慷，忧思难忘，何以解忧？唯有杜康。”“劝君更尽一杯酒，西出阳关无故人。”“绿蚁新醅酒，红泥小火炉。晚来天欲雪，能饮一杯无？”“多情应笑我，早生华发，人生如梦，一樽还酹江月。”古往今来，无论抒怀、作别、叙旧、寄情，与酒相关的诗词佳句可谓不胜枚举，可见酒自有它的好与妙处，只是应该“樽前常对知心人，席上不劝霸王酒”。

相较于酒，茶走的是安静高雅的路线。中国人以茶为饮料的历史源远流长。中国西南是野生茶树的原产地之一。汉代以前，巴、蜀、南中的人已经开始茶的采摘和饮用。西汉蜀郡“资中男子”王褒戏作《僮约》，规定童仆必须承担的工作当中，就有两项与茶有关：一是“武阳买茶”，二是“烹茶尽具”。可见当时茶已经进入当地的一般家庭。

东晋南朝，南方饮茶蔚然成风。南齐武帝临终遗诏，“祭敬之典，本在因心。东邻杀牛，不如西家礿祭。我灵上慎勿以牲为祭，惟设饼、茶饮、干饭、酒脯而已。天下贵贱，咸同此制。”饼、茶饮、干饭、酒和脯（肉干）应该是当时南方通行的饮食。与此同时，北方最流行的饮料是奶制品——酪浆。公元494年，北魏孝文帝迁都洛阳，开始了轰轰烈烈的汉化改革，同年，南朝一流高门琅琊王氏的后裔王肃怀抱杀父之仇北奔，王肃与魏孝文帝的相遇，成就了北方的礼乐制度建设。在王肃的身上，我们也看到了南北两种饮食文化的碰撞。王肃北奔时三十一岁，他人到了洛阳，胃口却还是南方的，最常吃的是鲫鱼羹，渴了就喝茶，不吃羊肉，不喝酪浆。《洛阳伽蓝记》载，几年之后，王肃和孝文帝一起吃饭，“食羊肉、酪粥甚多”。孝文帝逗他：“羊肉何如鱼羹？茗饮何如酪浆？”王肃回答说：“羊者是陆产之最，鱼者乃水族之长，所好不同，并各称珍。以味言之，甚是优劣。羊比齐鲁大邦，鱼比邾莒小国。唯茗不中，与酪作奴。”意思是说，鱼和羊肉南北风味，各有千秋；茶水是不行的，只配为酪浆做奴婢。茶的别名“酪奴”就得之于此。看起来当时北方宫廷的宴会上也有茶，只是喜欢喝的人不多。

茶的北传在隋朝统一之后继续进行，唐玄宗开元以后，由于参禅打坐者需要靠茶长时间保持清醒，饮茶逐渐普及。唐代封演的《封氏闻见记》记载了饮茶习俗流行的盛况：“人自怀挟，到处煮饮，从此转相仿效，遂成风俗。自邹、齐、沧、棣，渐至京邑。城市多开店铺，煎茶卖之，不问道俗，投钱取饮……于是茶道大行，王公朝士无不饮者……穷日尽夜，殆成风俗。”饮茶从此成为全国性的风俗，并且“始自中地流于塞外，往年回鹘入朝，大驱名马市茶而归”，茶马贸易成为中原与边地之间一项重要的交流内容。

唐宋两代茶的主流不是我们今天习见的茶叶，而是饼茶，又称“片茶”“团茶”。茶叶成为茶饮的主流要到明朝。

今天也有茶饼，比如普洱茶中的七子饼，是将茶叶紧压而成的，撬一块下来用水泡开仍然是茶叶。而唐宋饼茶是完全看不见茶叶形状的，根据宋代赵汝砺《北苑别录》的记载，饼茶的制作方法如下：第一蒸，

图二九：五代南唐 李昇（款）《货郎图》

《货郎图》，五代南唐，李昇（款）。绢本设色，27 厘米 ×21 厘米，现藏北京故宫博物院。画面所绘为四个货商打扮的人在一处临河树荫下纳凉喝茶的情景。画中共五个货架，架中摆放着瓷器与茶具。画中着褐色衣服的三人一边喝茶一边聊天，似乎在谈论茶汤的味道与色泽；另有一人右手握蒲扇，左手扶货架，正一边烧水一边转头倾听他们的对话。此画右侧偏中下处有“李昇”字样的落款，还有三方模糊不清的印章。唐代封演在《封氏闻见记》中对流行的饮茶习俗这样记载：“人自怀挟，到处煮饮，从此转相仿效，遂成风俗。……城市多开店铺煎茶卖之，不问道俗，投钱取饮……于是茶道大行，王公朝士无不饮者……穷日尽夜，殆成风俗。”从这幅《货郎图》，我们对封演描述的“人自怀挟，到处煮饮”的饮茶之风有了更直观的感受。

将采摘下来的茶叶拣选、清洗，“然后入甑，俟汤沸蒸之”；第二榨，将蒸过的茶叶“淋洗数过”，使之冷却，然后尽可能榨出其中的水分及茶膏（即汁液），“必至于干净而后已”；第三磨，把去除了水分和汁液的茶渣放入瓦盆内，加水，用木棒反复研磨；第四添加香料，“荡之欲其匀，揉之欲其腻”；第五定型，最后放入特定的茶范内定型，再置于筥上晾晒，使之干燥，就得到了完美的茶饼。这种饼茶在反复的蒸榨研磨之后，又掺入了香料，以色白为上品，《东坡志林》引司马光的话说“茶欲白，墨欲黑”，茶是白的好，墨是黑的好；这样过度加工的片茶之中，究竟还能保存多少茶之真味，我深表怀疑。

唐代流行的饮茶方式，是陆羽《茶经》所提倡的煎茶法，也就是煮茶。先要把饼茶烤干、碾碎、罗细，“碾成黄金粉，轻嫩如松花”。然后以釜煎水，煎水时必须小心观察水的沸腾程度。“其沸如鱼目”，冒出鱼眼大小的水泡时，加入食盐调味；“缘边如涌泉连珠”时，舀出一瓢备用；然后加入茶末，不断搅动，同时将之前舀出的那一瓢水陆续加入，以缓和沸腾，培育“汤花”。最后，将茶釜从火上取下，将茶汤倒入茶盏，这叫“分茶”，分茶的关键在于均分“汤花”。对爱茶的人来说，煎茶的整个过程都是一种身与心的放松与享受。如刘禹锡《西山兰若试茶歌》所云，“骤雨松声入鼎来，白云满碗花徘徊。悠扬喷鼻宿醒散，清峭彻骨烦襟开”。

煎茶法的优点也是它的缺点——程序繁复。饮茶者必须配备茶砧、茶椎、茶钤、茶碾、茶罗等一系列器具，而每次饮茶都必须经历椎、炙、碾、罗等步骤，非富足而闲暇者不能备其事。陕西扶风法门寺出土了一整套的金制茶具，是唐朝皇帝的供佛之物，备极精致，备极繁复。或是宋朝人也觉得麻烦，所以他们发明了一种新的更易操作的点茶法。其做法是将研碎、罗好的茶末直接置于茶盏中，先注入少许沸水调匀，再继续注水，同时“环回击拂汤上”，在茶汤表面形成一定的汤花图案。点茶法追求汤花图案的鲜明特别，因此对茶瓶、茶盏、茶匙都有特别的讲究。茶末的颜色以白为上，因此茶盏的颜色以黑为上，以便突出汤花图案；盏壁要微厚，以便保温。这些都是点茶专家

图三〇：南宋 佚名 《斗浆图》

《斗浆图》，南宋佚名绘。绢本设色，40.6 厘米 ×33.8 厘米，国家一级文物，现藏黑龙江省博物馆。图中描述的是南宋街头的小贩们在休息时斗浆的情景。斗浆即为斗茶。画中斗茶者共六人，他们头扎裹巾，一手提注壶，一手端茶盏，正围于一处品茶、交谈、斗茶。宋人有斗茶习俗，比试内容有：谁的茶汤汤色更加鲜亮，谁的茶味更加甘醇清香，谁的茶汤表面图案更美等。从街头斗茶者的着装、身旁的器物，到他们参差的姿态与丰富的表情，南宋时期别具特色的斗茶文化便跃然眼前。

的讲究，宋人有斗茶习俗，比试的便是茶汤表面图案的美。在博物馆看宋代文物，看到颜色绀黑、纹如兔毫的建盏，那就是上品了，它的审美趣味是独特的。

北宋中期，市面上开始流行末茶，也就是将茶饼碾成末再出售。喝茶变得更为简单，只要有茶盏有注壶，把水烧开，就不愁没茶喝。末茶大概相当于速溶咖啡，大大方便了寻常百姓饮茶。

茶叶在宋朝已经出现，但它真正成为茶饮的主流是在明朝。明人许次纾《茶疏》说："冰芽先以水浸，已失真味，又和以名香，益夺其气，不知何以能佳。"这是对饼茶的公然否定；又说："不若近时制法，旋摘旋焙，香色俱全，尤蕴真味。""近时制法"就是流传至今的炒茶法了。茶的形态改变了，饮茶器具的美学追求也发生了改变。宋代茶盏以黑为上，明代茶盏"纯白为佳，兼贵于小"。宋代茶道中那种独特的美学追求，在日本茶道中还有余韵，中土茶道反而走了另一条路。你可以说这是中国人创新的勇敢，也可以说这是中国人抛弃过去的决绝。

仔细想来，令人唏嘘。这两千年来，唯一不变的，其唯饮酒乎？

宋 马远《月下把杯图》

衣服饰往事

人间烟火

丝麻棉演义：从“小貂”说起

“小貂”是东北地方对貂皮大衣的爱称。2013 年，我去美国开会，在飞机上聆听了邻座大姐与小貂的半生纠缠。20 世纪 90 年代中期，小貂流行，但大姐的钱都拿来供儿子上学了，并未舍得为自己添置一件貂皮大衣。儿子毕业留美工作，钱不再是问题，但大姐还是没买小貂，可心里却放不下，她说：“在我们东北，人家都说只有两种女的，穿得起小貂的和穿不起小貂的。唉！”

这一声叹息，一直回荡在我的记忆里。东北寒冷，貂皮保暖性强，小貂是理想的御寒衣物，但也并非无可替代。大姐对小貂念念不忘，是因为在当地人的观念中，小貂象征着一个女人的体面，是女性展示其家庭财富、社会地位的符号——小貂越是昂贵，穿貂的女人就越是尊贵。在这样的文化背景下，母亲对小貂的主动舍弃，就成了非常有分量的牺牲。

告别大姐之后，我曾尝试“狗尾续貂”，给“小貂”故事设想进一步的发展。如果儿子购买小貂作为礼物送给母亲，那么故事就会获得一个俗套而温暖的结局。可是儿子会这么做吗？不容易。这不是钱或爱的问题，而是价值观的问题——在儿子所处的社会环境中，小貂的意义与母亲记忆中的小貂已经发生了巨大的变化。随着动物权益的伸张，越来越多的人接受了新的价值观。“没有买卖就没有杀害”，“美无须建立在杀戮之上”，古驰、阿玛尼、范思哲、香奈儿……越来越多的顶尖大牌放弃使用皮草，小貂逐渐退出时尚前沿，沦为野蛮、残忍、落后的标志。因此，“小貂”故事最可能的结局恐怕是：母亲接受新观念，放弃对小貂的执念；她偶尔还会说起小貂，但是她在美国出生长大的孙儿和孙女，单凭生活经验，将永远无法理解祖母为一件衣服所做出的牺牲。

在上面的故事中，小貂成功地展示了服饰多方面的功能。服饰的基础功能是遮蔽身体、保暖、防晒，使身体免受侵害。就像汉代刘熙在《释名·释衣服》中说的：“凡服，上曰‘衣’。衣，依也，人所依以庇寒暑也；下曰‘裳’，裳，障也，所以自障蔽也。”保暖、防晒、遮羞、修饰身体，这是服饰最基本的功能。

服饰的延伸功能是其符号功能。作为符号的服饰，主要有如下几个功能：

第一，可以标志财富、地位、权力等。比小貂更具标志性的，是北宋开国皇帝赵匡胤陈桥兵变中加身的“黄袍”。这种特殊颜色的袍服是皇帝的禁脔，普通人一旦在众目睽睽之下被“黄袍”“加诸身”，就等同于公开谋反。“黄袍加身”的这类故事，只能发生在唐代以后，因为皇帝独占某种黄色是从唐代开始的。而且，唐代皇帝的袍子颜色也不是大家在电视剧里常见的明黄，而是一种更加偏红的赭色，陆龟蒙《开元杂题七首·杂伎》诗云：“六宫争近乘舆望，珠翠三千拥赭袍。”用官服的颜色来区分官员等级的制度也是在唐朝正式确立的。唐朝三品以上官服紫，四品、五品服朱，五品以上皆属于贵官，“朱紫盈门自称贵”[1]，朱紫就是用服饰的颜色来代指高官。白居易被贬江州司马，偶遇同样来自长安的过气歌女，闻琵琶声而伤身世，写下了千古名篇《琵琶行》，最后两句是：“座中泣下谁最多，江州司马青衫湿。”这两句诗给后世学者出了一道难题：查《元和郡县图志》，江州属于上州；又查《旧唐书·职官志》，上州司马属于五品官，五品当服朱，白居易何以着青衫？“唐制，服色不视职事官，而视阶官之品”，唐

1 ［清］彭定求等编：《全唐诗》卷六七〇《读五侯传》，中华书局1960年版，第7656页。

代的职事官相当于职位，阶官之级别、品服颜色，依据的是阶官品位。白居易的职位江州司马虽然是五品，他的阶官却是最低级从九品下阶的将仕郎。[1] 九品之官，当然是“青衫憔悴泪交流”。

第二，可以用来标志身份或者生活状态。各种制服是一目了然的身份标志。军服的颜色，汉代为赤色，东晋为黑色，南朝是绛红，隋朝是黄色，唐代是黑色。知道了唐代军服的颜色，才能明白薛仁贵在辽东战场穿白衣的良苦用心。他主动投军，为的就是建功立业，被皇帝看见。陆游的《老学庵笔记》记载，南宋时候，“辰、沅、靖州蛮”（湘西少数民族）有一项特殊的风俗，“男未娶者，以金鸡羽插髻；女未嫁者，以海螺为数珠挂颈上”，金鸡羽毛、海螺串的作用就是昭告天下：来追吧，我单身！

第三，还可以标明个人在一定的社会等级秩序中的位置及相对关系。传统的丧服服饰就是一个严密的符号系统。郑玄《三礼目录》这样解释《仪礼 · 丧服》之义：“天子以下，死而相丧，衣服、年月，亲疏、隆杀之礼。不忍言死而言丧。丧者，弃亡之辞，若全存居于彼焉，已亡之耳。”衣服和年月就像是横纵坐标，标识出服丧者与死者之间关系的亲疏，从而展现出礼的隆杀等级。比如，先秦时期的丧服礼，最高级别的斩衰，皆服三年，适用于子为父，妻为夫，臣为君，以对应董仲舒所提倡的三纲。次一级的齐衰之服则可细分为四级：父卒为母，母为长子，服三年；父在为母，子为出母（母被父休弃者），夫为妻，服十五个月；为祖父母，为兄弟，出嫁女为父母，服十三个月；为曾祖父母，服三月。[2]

从 20 世纪 90 年代的中国东北到 21 世纪初的西方，作为服装材质的貂皮经历了从高贵到野蛮的陵谷变迁。起初，稀有珍贵的野生貂皮是上流社会追捧的御寒上品；之后，随着水貂人工饲养技术的发展，

1　参见陈寅恪：《元白诗笺证稿》第二章《琵琶引》，文学古籍刊行社 1955 年版，第 56 页。

2　参见丁凌华：《中国丧服制度史》，上海人民出版社 2000 年版，第 141—143 页。

更多生活在寒冷地区、家境殷实的大姐也可以通过小貂一展体面了，貂皮的珍稀度在下降，但仍然是高级的；最后，在更为发达的西方，思想观念的变迁让动物皮毛遭到唾弃，貂皮变成了野蛮残忍的标志。

小貂地位的变迁，与人类服装材质的早期发展史遥相呼应。曹魏董巴的《大汉舆服志》言："上古衣毛而冒皮，后世圣人易之以丝麻。"在亚当和夏娃的无花果树叶之后，动物皮毛成为人类最原始的服饰——"衣毛而冒皮"。随着文明的进步，皮毛逐渐为丝麻等人工制品取代，这就是所谓的"后世圣人易之以丝麻"。距今约一万八千年的旧石器时代的山顶洞遗址出土了一根骨针，通体磨光，针孔窄小，针头尖锐；缝线应当是用动物肠衣或者韧带纤维制成的。穿针引线，把动物的皮简单地连缀在一起，就是山顶洞人的衣服。1926 年，在距今五千多年的山西夏县西阴村遗址，考古学家发现了半个蚕茧。这半个蚕茧究竟是经古人驯化的家蚕，还是后世混入而并非五千年前的东西，这点曾饱受争议。1958 年，距今约四千七百年的浙江吴兴钱山漾遗址出土了丝织品的残片，其丝线密度为每平方厘米四十八根。随着越来越多年代相近的丝织品残片、陶制蚕蛹、蚕纹纹饰及纺轮的发现，西阴村那半个蚕茧已经成为中国丝绸业发端的一个明证。有学者认为，中国人驯化、培育家蚕的历史可以上推到七千年前。丝绸是中国人奉献给世界的一件重要礼物。吴兴钱山漾遗址中还出土了麻布片。[1]

丝麻的出现将华夏民族的着装史从动物毛皮时代推进到纺织品时代。纺织品时代又可以分为两个小时代——丝麻时代和丝麻棉时代，这两个小时代的分界线在宋元。北宋的福建、广东、四川已开始种植木棉，到了南宋，木棉继续向两浙和江南推广。元代，棉花的种植面积和产量都已经相当可观。当然，棉花取代丝麻经历了一个漫长的过程，南宋晚期的夏税已经开始输纳棉布，但是至少从各地输纳给中央的税赋贡品来看，直到明代中期，丝、麻、棉在纤维作物中大体还是

1　参见《吴兴钱山漾遗址第一、二次发掘报告》，载《考古学报》1960 年第 2 期，第 86 页。

呈三足鼎立之势。

在棉花广泛种植以前，丝絮还是重要的保暖衣被的填充材料。春秋时期，漂洗丝絮是一种职业，《庄子·逍遥游》里说："宋人有善为不龟手之药者，世世以洴澼絖为事"。絖即纩，就是丝絮。"洴澼絖者，漂絮于水上"，容易造成皮肤干裂，拥有护手霜秘方的家族，更有优势把漂絮事业世世代代经营下去。杜甫诗有"布衾多年冷似铁"的句子，布衾的表面材料是麻织物，填充材料是丝絮，而非棉花。孔子弟子闵子骞以孝道著称，南朝人所写的《孝子传》特别强调闵子骞的隐忍，说后妈给他做的棉袄"皆藁枲为絮"，给亲生儿子的"则绵纩重厚"，绵纩是丝絮，藁枲就是草和麻，草和麻填充的当然不暖和。这个故事后来就发展成了"二十四孝"故事之一的"鞭打芦花"。其实，孔子当初夸闵子骞孝顺的时候，根本就没提到后妈这茬儿，故事被添油加醋，越讲细节越丰富，这是民间传说的一般规律。

穿衣的讲究

服饰之中隐藏着权利，自由来之不易。这一点，对大多数生于20世纪80年代以后的朋友来说，可能已经比较难理解。年青一代关于服饰的典型吐槽是，"有一种冷叫作你妈觉得你冷"。这句话所表达的是，父母对子女的关心隐含控制，孩子被剥夺了自由感受冷暖并做出选择的权利。这个吐槽只涉及家庭之中的代际关系和教养方式。生于70年代的我，却有机会亲身观察、体验服饰中自由的来之不易。王小帅的电影《青红》中，校长、老师拿着剪刀在校门口"猎杀"喇叭裤、大鬓角的场面，年轻一些的朋友看了可能觉得荒唐可笑，而真正经历过的人却不免心生寒意。喇叭裤、大鬓角、蛤蟆镜（太阳眼镜）这些今天人们司空见惯，可以自由评判、自由选择的东西，在那个特定的历史时期，却被贴上"奇装异服"的标签，与道德败坏、不守规矩，甚至流氓联系在一起。即便如此，我和我的同辈仍然是最幸运的一代，我们经历了制度和文化对“奇装异服”最后的围剿，也目睹了着装自由的艰难降生。后来的观察者赞美喇叭裤“是一面自由的旗帜”：

> 1978 年，“真理”这个词开始在中国的大地上变得神圣。人们在真理的襁褓中，察觉到日常生活的美好。真理给人以智慧，也给人以找寻“美”的勇气。这时，一种裤子进入了人们的视野，它恰恰有一个张扬的名字，像大声朗诵给这个时代的青春宣言，像民众向往个性与自由的旗帜。它所向披靡，迅速横扫了神州大地。它的名字就叫“喇叭裤”。[1]

在喇叭裤横扫神州大地以前，服饰被进行了阶级分析和强烈禁锢，“西装是资产阶级的，布拉吉是修正主义的，旗袍是封建主义的”，社会主义的着装必须“有利于革命，有利于劳动，有利于工作”。[2]军装、工作服、中山装、列宁装和红卫装，千篇一律，雌雄莫辨，毫无美感，遑论个性，以表面性的无差别掩盖实际上的不平等，压抑人性。那大概是中国服饰史上最为变态的一段插曲。

相比之下，在传统时期，个人虽然不拥有穿衣戴帽的全部自由，但是群体对美的追求却是持续不断的。在传统中国，穿衣戴帽从来都不是个人的事情，而是社会秩序、社会规范的重要组成部分和表现形式。政权和礼法以毋庸置疑的口吻规定，不同身份的人应该穿什么、戴什么，以及同一个人在不同的场合之下该穿什么、戴什么。这就是服制——穿衣戴帽的制度，服制是明文规定了的。想象中的周代衣冠是服制正统性的源泉，孔子曰“行夏之时，乘殷之辂，服周之冕”，历法用夏朝的，车制用商朝的，服制用周朝的。实际上，夏商制度渺

1　叶匡政：《1978 年流行语：喇叭裤》，载《观察与思考》2009 年第 7 期，第 56 页。

2　相关研究请参看孙沛东：《裤脚上的阶级斗争：“文革”时期广东的“奇装异服”与国家规训》，载《开放时代》2010 年第 6 期，第 84—101 页；陈旋波：《喇叭裤的见证与记忆：一种文学社会学视角》，载《华侨大学学报》2017 年第 2 期，第 155—166 页。

茫难知，周最晚出，吸收了夏商的好处，用南朝梁皇侃的话来说：“以周世比视于夏、殷，则周家文章最著明大备也。”“周既极备，为教所须”，故孔子曰：“周监于二代，郁郁乎文哉，吾从周。”[1]当然，就实际发展而言，制度是随着时代的变换不断积累变化的；但是，传统时期任何一次制度调整打出的旗号都是“吾从周”——从先秦儒家经典所记载的周代制度中寻依据、找靠山，服饰制度也不例外。

帝制时期服制的正式确立，是在东汉明帝永平二年（59年）。秦汉之际，周代衣冠曾经短暂缺席，“久无祭天地冕服之制”[2]。从皇帝后妃到官员，穿得都比较简单。西汉张安世“尊为公侯，食邑万户，然身衣弋绨，夫人自纺绩”。张安世“身衣弋绨”，按唐代颜师古的解释：“弋，黑色也。绨，厚缯也。”[3]“弋绨”并非张安世的个人爱好，而是当时官员常服之色。张敞做官二十多年，自云：“敞备皂衣二十余年。”[4]这位张敞，就是勇于在皇帝面前承认为老婆画眉的那一位。西汉刘邦以布衣提三尺剑定天下，制度上承秦制而宽简，崇尚黄老无为，到武帝时才确立了儒家在意识形态上的主导地位，开启了儒家对帝制国家的全面改造。而东汉光武帝是儒生出身，学养深厚。经过一段时间的准备之后，至明帝永平年间，始全面建立服制，其主要依据是儒家经典中的《周礼》、《礼记》和《尚书·皋陶篇》。

“永平服制”奠定了帝制时期的服制原则。第一，服制是整个社会等级制度的外在表现，它的覆盖面是社会全体，自皇帝以至庶民，

1 ［梁］皇侃撰，高尚榘校点：《论语义疏》卷二《八佾第三》，中华书局2013年版，第64页。

2 ［汉］刘珍等撰，吴树平校注：《东观汉记校注》卷五《车服志》，中华书局2008年版，第183页。

3 ［汉］班固撰，［唐］颜师古注：《汉书》卷五九《张安世传》，中华书局1962年版，第2652页。

4 ［东汉］班固撰，［唐］颜师古注：《汉书》卷七八《萧望之传》，中华书局1962年版，第3277页。

“诸侯王以下至于士庶，嫁娶被服，各有秩品”[1]。普通老百姓被规范的部分主要在嫁娶等礼仪场合。《红楼梦》第十三回，秦可卿死了，贾珍存心大葬，乐得铺张；奈何亡人的丈夫贾蓉不过是个监生，没有官位，场面终归受限，贾珍心下甚不自在；幸得大太监戴权及时送货上门，助他花一千二百两银子替贾蓉买了一个五品的龙禁尉，这才把想摆的谱光明正大地摆出去了。

第二，服制讲究的是上下有序，必须“顺礼”。“礼”的核心是什么？对等级秩序的尊重与坚守，“尊尊贵贵，不得相逾，所以为礼也”。礼制下的服制讲究的是“非其人不得服其服，所以顺礼也。顺则上下有序，德薄者退，德盛者缛”[2]。服制下的服饰，以繁复、稀有、贵重为尊贵，位愈高而服愈繁。日、月、星辰、山、龙、华虫、宗彝、藻、火、粉米、黼、黻十二种纹饰，合称“十二章”，是权力的象征。东汉制度，皇帝“备文”，十二章全绣；三公和诸侯只能绣山、龙以下九章；而九卿则只能使用华虫以下七章。作为“文儒者之服”的进贤冠，则以冠梁（帽子上突起的骨）的多少来标志尊卑等级，“公侯三梁，中二千石以下至博士两梁，自博士以下至小史私学弟子，皆一梁”[3]。

第三，实践中的服制实行“上得通下，下不得僭上”[4]的原则，穿衣的自由与地位成正比，地位高的人享有更多的穿衣自由。比如宋画《听琴图》，不管是否为宋徽宗亲笔，但其中的人物关系一目了然：正在抚琴的宋徽宗穿道服，显得非常悠闲；而旁边侧耳倾听的两位臣子则穿朝服，坐姿端正，态度恭敬。

服制的倾向是保守的，以维护现存尊卑等级秩序为己任。因此，

---

1 ［南朝宋］范晔撰，［唐］李贤等注：《后汉书》卷三十《舆服志下》引蔡邕《表志》，中华书局 1965 年版，第 3678 页。

2 ［南朝宋］范晔：《后汉书》卷《舆服志上》，中华书局 1965 年版，第 3640 页。

3 ［南朝宋］范晔：《后汉书》卷《舆服志下》，中华书局 1965 年版，第 3666 页。

4 ［宋］宋敏求编：《唐大诏令集》卷一〇八《政事·禁约上》，中华书局 2008 年版，第 562 页。引自唐高宗咸亨五年（674 年）四月颁《官人百姓衣服不得逾令式诏》。

图三一：北宋 赵佶（款）《听琴图》

《听琴图》，传为宋徽宗赵佶所作。绢本设色，工笔画，147.2 厘米 ×51.3 厘米，现藏北京故宫博物院。此图表现的是松下抚琴与听琴的情景。画中，宋徽宗正襟危坐，头戴黄冠，身着缁衣，作道士打扮，身后左侧有一株苍松，枝叶繁茂，树旁有稀朗的翠竹数竿。右侧立有一高脚几，上摆放一香炉。徽宗轻抹慢挑，略微垂首，显得沉静安宁。画面中另有二人坐于下方倾听，态度谦卑而恭谨，据说此二人即为童贯与蔡京。画面最上方，有蔡京所题绝句一首：“吟徵调商灶下桐，松间疑有入松风。仰窥低审含情客，似听无弦一弄中。”在古代，穿衣自由与地位成正比，地位高的人享有更多的穿衣自由。《听琴图》中抚琴的徽宗便着道服，而旁边侧耳倾听的童贯和蔡京则穿着朝服。

俯首聆听的蔡京

仰首听琴的童贯与身旁童子

高脚几

最能体现服制精神的礼服常常是过时的。服制发展史上有这样一个有趣的现象：某些因各种原因被淘汰、日常生活中不再穿用的服饰，会进入礼服序列，保留在相对正式的场合，成为仪式性的服装。比如冠，“男子二十而冠”，冠在先秦、秦汉本来是成年士族男子的日常服饰，到了中古时期幞头出现，冠则退居到礼服序列。

礼服来自过去，是传统在现实中的短暂演出，代表着现在对过去的尊重。现今中国人的一大憾事，大概就是没有属于华夏民族的礼服了。我的韩国师弟穿着韩服来给导师祝先生拜年，进门就跪在地上磕头，把祝先生磕得手足无措。我却只有羡慕的份儿。传统节日与传统服装一起营造了一种传统氛围，让学生可以跪拜在老师膝下，以最为传统的方式表达感激。

怀有此种遗憾的，当然不止我一人，华夏传统服饰在礼仪中的复兴因此一度成为热门议题。我虽然遗憾没有民族礼服可穿，却也并不看好复兴之议。以出土的服饰实物与传世图像、文字资料相配合，传统服饰的复原工作并非难事。比如，仅南宋福州黄昇墓，就出土了二百〇一件女性服饰和一百五十三件丝织品。这个可怜的女孩子十六岁出嫁，十七岁夭折，她父亲做过掌管进出口事务的提举市舶司，家境优渥，陪葬的都是上乘好物。黄昇上身穿了九件，下身穿了十一件，是全套的盛装。[1]然而，即便可以制作出丝毫不爽的古代服饰，华夏礼服的复兴仍然面临着诸多实际困难——汉服与唐装不同，宋装与明装各异，即便是一个朝代内部，服饰也不是一成不变的，传统本身恒处于变化之中，回到传统，究竟该回到哪里？

现代人所感受的是礼服缺席的窘境，而古代人则感受着礼服繁复难穿的尴尬。南宋的朝服除重大祭祀外，难得有机会穿，朱熹诉苦说，朝服平时不穿，“到临祭时取用，却一齐都破损了，要整理又须大费

1　参见福建省博物馆编：《福州南宋黄昇墓》，文物出版社 1982 年版。

一巡，只得恁地包在那里”[1]。元朝的大礼服称为“法服”，穿的场合同样稀少，可是层次却更为复杂，所以有人专门编写了歌诀，来说明穿戴的顺序，以免错穿，歌云：“袜履中单黄带先，裙袍蔽膝绅绶连；方心曲领蓝腰带，玉佩丁当冠笏全。”[2]

对服制构成挑战的，是外来的刺激、人们对美和新奇的追求，以及财富的积累。起而挑战服制的主要是两种人，一种来自统治集团内部，比如王孙公主，既爱美又有足够的财富追求美。唐文宗开成四年（839年）上元观灯，“延安公主衣裾宽大，即时斥归；驸马窦澣待罪。诏曰：‘公主入参，衣服逾制。从夫之义，过有所归。澣宜夺两月俸钱。’”公主“衣服逾制”，驸马夺俸，是因为皇帝“性节俭”[3]。大多数时候，逾制是必然发生而无可奈何的事。服制的另外一种挑战者来自统治集团之外，主要是商人和娱乐业从业者。

教坊与宫廷因而成为时髦的两大策源地。比如，女性缠足的先驱是宫中舞姬，“后主宫嫔窅娘，纤丽善舞。后主作金莲……令窅娘以帛绕脚，令纤小屈上作新月状，素袜舞云中，曲有凌云之态”。缠足风气初兴于宫中，又自宫中流播于外，至北宋晚期，遂为汴京一绝，时人戏称“京师妇人梳妆与脚，天下所不及”。[4]“至南渡后，妓女窄袜弓鞋如良人也”——北方上流社会的缠足习俗被南方的妓女所效仿，从而掀起一个新高潮。妓女与贵妇争奇斗艳，引领时尚。商人作为占有较多物质财富的庶人，是服制惯常的挑战者，他们虽然未必有挑战政治权威的自觉，却会触动统治者敏感的神经。南朝刘宋时，有人忧心忡忡地观察到“凡厥庶民，制度日侈。商贩之室，

---

1 ［宋］黎靖德编，王星贤点校：《朱子语类》卷九一《礼八·杂仪》，中华书局 1986 年版，第 2324 页。

2 ［元］陶宗仪撰：《南村辍耕录》卷五《披秉歌诀》，中华书局 1959 年版，第 57 页。

3 ［后晋］刘昫等撰：《旧唐书》卷一七《文宗本纪下》，中华书局 1975 年版，第 576 页。

4 ［宋］赵令畤撰，孔凡礼点校：《侯鲭录》卷四《东坡评诸葛氏笔》，中华书局 2002 年版，第 105 页。

仁宗曹皇后

皇后身边婢女

图三二：宋 佚名 《宋仁宗后坐像》

《宋仁宗后坐像》图轴，宋佚名绘。立轴，设色，172.1 厘米 × 165.3 厘米，现藏台北故宫博物院。此坐像为宋仁宗之曹皇后。我们看到，画中的曹皇后双手拢于胸前，正襟危坐，两位侍女分立皇后两侧，一执唾盂，一捧长巾。最醒目的，是她们翠绕珠围的服饰与妆容：曹后头戴九龙纹钗冠，面贴珠钿，身着翟衣；两位侍女头戴花冠，身穿碎花锦袍，额、鼻、颔以“三白法”敷之。画中人物珠光宝气，神态端庄肃穆、典雅精致，显示出宋代皇室的雍容华贵之气。但也不难想见，如此精细繁复的妆容，流程之复杂，穿戴实为不易。

饰等王侯；佣卖之身，制均妃后。凡一袖之大，足断为两；一裾之长，可分为二。见车马不辨贵贱，视冠服不知尊卑”。[1] 平民穿得像王侯一样好，让人们看见车马分不出贵贱，看着服饰不知道这是尊贵的王侯，还是富有的商人。这实在是令人担忧啊！这说的哪里是衣服，分明是等级秩序。

还好，大多数中国人终于生活在一个物质极大丰富的时代，并且享受着穿衣的自由。而这种自由，是 1978 年以后才慢慢展开的。

胡风吹扇衣冠变

宋人翟伯寿喜欢穿着自制的唐代服饰，号称“唐装”；许彦周瞧他不顺眼，便梳起髽髻，穿着犊鼻裈，脚蹬木屐，说自己穿的是“晋装”，以示讽劝。翟伯寿穿的是否是地道的唐装，许彦周穿的是否是地道的晋装？未必。但是，这两个宋朝人都没有穿宋装。华夏服饰恒处于变化之中，唐装不同于晋装，宋装不同于唐装，同一个朝代之内的不同时期，也有不同的流行风尚。

毫不夸张地说，今天的学者对晋装、唐装的认识能力和认识水平，绝对要超过宋朝人，一个很重要的原因是，现代考古学所提供的实物资料摆在那儿，不着一字，却胜过千言万语。在传统中国，服饰作为礼仪的内容和表达符号，受到高度重视。但是，传统中国讨论服饰的工具却相对薄弱，主要靠文字，很少有图像，几乎没实物。这是中国传统知识体系的一大缺憾。南宋有个郑樵，通常被视为史学家。梁启超说：“史界之有樵，若光芒竟天之一彗星焉。”这样充满了诗意的话语，是才子对才子的赞美。郑樵的确是中国历史上难得的有创

1 ［南朝梁］沈约：《宋书》卷八二《周朗传》，中华书局 1974 年版，第 2098 页。

图三三：《洛神赋图》（左上）、《十八学士图》（右上）、《春游赋诗图》（左下）（均为局部）

提及晋装，我们会想到顾恺之的《洛神赋图》中的人物形象。此图以曹植所作的《洛神赋》为蓝本绘就，主要描写曹植与洛水女神的爱情故事。画作将洛神“翩若惊鸿，婉若游龙”的天人形象刻画得生动传神，而其他人物造型的绘制也毫不逊色。画中曹植头戴梁冠，身着宽大的袖袍，保持着王侯的尊贵与优雅，侍立其身旁的几位官员衣袂飘飘，尽显魏晋雅士之风流。而讲到唐装，我们从宋人所绘的《十八学士图》中便可看到头戴踣样巾、身着圆领长袍的文士，文中所选的这位文士正凝神捋须，侧目看着旁边文士提笔作画，其身上的唐装样式一目了然。到了宋代，服饰样式又发生了新变化：从南宋马远的《春游赋诗图》中，我们看到数位雅士围聚一处，正观看其中一位提笔赋诗，只见桌旁立一位头戴进贤冠，身着交领长袍的雅士，他正神情专注地看着赋诗者挥毫。我们对其所穿的宋装的基本样式也便有了认识。

造力的学者。他提倡“图谱之学”，希望能通过图谱把知识具象化，成为可以具体操作的“实学”，也就是实实在在的、具有实践性的学问。郑樵说：“图谱之学不传，实学尽化为虚文矣。”“天下之事，不务行而务说，不用图谱可也。”如果不想付诸实践，只是嘴上说说，纸上练练，那可以不用图谱。“若欲成天下之事业，未有无图谱而可行于世者。”如果真想成就一番事业，那没有图谱绝对是不行的。顾颉刚说“郑樵的学问……富于科学的精神”，这话真是说到了点子上。郑樵对图谱的重视，与达·芬奇对绘画的重视有灵犀相通之处。达·芬奇说：“真正的绘画是一门科学，是自然的亲生儿子。”[1]可惜的是，达·芬奇的精神得到了继承和发扬，郑樵的却像彗星划过天际，惊鸿一瞥，后继无人。图谱之学在中国传统的知识体系中一直是一种极其微弱的存在，要么没有图，要么只是非常不准确的示意图。于是，当学者们谈到像服饰这样的内容时，就会出现如下状态：旁征博引、洋洋洒洒，显得特别有学问，实际上却不得要领。

比如深衣。《礼记·深衣篇》赋予了深衣深刻的象征意义：“古者深衣，盖有制度，以应规、矩、绳、权、衡。”“规、矩、绳、权、衡”是五种度量工具，度量工具代表着标准，能够对应五种标准的衣服，是一种高尚的衣服、神圣的衣服，“五法已施，故圣人服之……先王贵之”。那么，如此尊贵的衣服，款式如何？《礼记》接着说：“短毋见肤，长毋被土。”这句话比较容易理解，要不长不短的，既不能露肤，也不能拖地。但是“续衽，钩边，要缝半下”又该怎样理解？深衣流行于战国至西汉，东汉以后的人们就只能靠学问和想象来理解它了。鉴于深衣在礼仪制度中的特殊地位，宋代以后一直到清，深衣研究都算是一项重要课题。北宋的司马光写过《深衣制度》，南宋的朱熹在司马光的解释之上有所改进。南宋的文天祥还作过《深衣吉凶通服说》，专门讨论深衣的适用场合。元代有人写过《深衣外传》《深

1 转引自肖鹰：《美学与艺术欣赏》，高等教育出版社2004年版，第190页。

衣说》。明末的黄宗羲也研究过深衣。这么重要的问题，热衷考据、功夫深厚的乾嘉学者当然不会放过，主要成果有江永的《深衣考误》、戴震的《深衣解》、任大椿的《深衣释例》等等。虽然历代对深衣皆有研究，但我们对深衣款式的印象似乎依旧不甚明朗。

朱熹本人穿深衣。他的学生回忆老师当年风度说："先生早晨拈香，春夏则深衣，冬则戴漆纱帽，衣则以布为之，阔袖皂褖，裳则用白纱，如濂溪画像之服；或有见任官及它官相见，易窄衫而出。"深衣是朱熹乡居时期春夏两季穿的外套。那么朱熹的深衣是根据什么制作出来的呢？他的学生也同样好奇，"问衣裳制度"。朱熹的回答很诚实："也无制度，但画像多如此，故效之。"学生穷追："有尺寸否？"具体尺寸根据什么来的？朱熹答曰："也无稽考处，那《礼》上虽略说，然也说得没理会处。"尺寸这么细的东西，没地方可以去考证。《礼》书上虽然有记载，但是太简单了，实在不够用。一言以蔽之，朱熹的深衣基本是宋儒的自我作古。宋儒的集体理想是回向三代，重现圣世，深衣是三代的一个重要符号，至于深衣款式、尺寸等，无图无真相，作为大儒，司马光、朱熹只能根据自己的理解加以创造。

从善于创造的宋儒，到穷于考据的乾嘉学者，古人没能解决的问题，随着江陵马山楚墓出土的战国深衣实物的发现，在我们的时代终于得到了"稽考处"。沈从文先生考证，"续衽"是一种特殊的缝纫技巧，在腋下嵌入一块长方形的布，从而起到美化衣服形态、让两臂运动自如的作用。这个东西就叫作"衽"，又叫"小要"。若有兴趣仿制地道的深衣，不妨去看沈从文先生的《中国古代服饰研究》和孙机先生的《深衣与楚服》。

因为不用了，所以从生活中消失，被逐渐淡忘；因为没有图，所以连很有学问的人都不懂了。这样的例子还有"袴褶"。唐德宗贞元十五年（799 年），经膳部郎中归崇敬建议，唐王朝改革朝服制度，废除了初一、十五百官穿袴褶装上朝的制度。归崇敬建议废除袴褶装的理由有两个：第一，袴褶装缺乏儒家经典依据："按三代典礼，两汉史籍，并无袴褶之制。"第二，袴褶装来历不明，"亦未详所起之由"，

图三四：南宋 朱熹 《书翰文稿》（局部）

《书翰文稿》是朱熹的代表作之一。行草，纸本，现藏辽宁省博物馆。此卷分为两部分：前段 33.5 厘米 ×28.2 厘米，后段 113.6 厘米 ×28.2 厘米。本书选取了稿卷前的肖像画，其中左边年长者为朱熹。我们看到，画中二人皆着深衣。朱熹的学生曾回忆了老师当年的风度：“先生早晨拈香，春夏则深衣，冬则戴漆纱帽，衣则以布为之，阔袖皂褖，裳则用白纱，如濂溪画像之服；或有见任官及它官相见，易窄衫而出。”由此可见，深衣是朱熹乡居时期春夏两季穿的外套。但他的深衣是根据什么制作的呢？朱熹诚实地答曰：“也无制度，但画像多如此，故效之。”所以，上图中的深衣，是朱熹根据濂溪画像的深衣形样自己制作的。虽然此深衣是朱熹据画像而做，但我们至少对深衣有了具象化的了解。

不知道怎么兴起来的，“隋代以来，始有服者”。袴褶装从此退出朝堂，也退出了人们的视野。五百年之后，马端临作《文献通考》，看到“袴褶”二字深感困惑，“不知所谓袴褶者，一物乎？二物乎？”袴褶肯定是衣服，但它是一件套还是两件套？马端临应当算是宋末元初最博学的人，制度是他的强项。认真查阅典籍后，他在唐代的相关记载中发现了“绯褶、大口袴”，由此推断，袴和褶“似是二物”，应当是两件套，“然不知所谓绯褶者，衣乎？裳乎？”绯褶，绯红的褶，是上衣还是下裳？没有图片，没有实物，马端临以学者的审慎不做猜想，把问题抛给了未来：“当俟精识考古之士而订之。”[1]

关于袴褶，当今的“精识考古之士”已经给出了答案。袴褶是两件套，褶是上衣，袴是下裳，即裤子，而且是合裆裤。华夏民族最早的裤是开裆的，裤的功能是护腿而非护裆，所以外面必须要再穿一层裳才够保险。而北方游牧的骑马民族很早就穿起了合裆裤，考古发现，

1 ［宋］马端临：《文献通考》卷一一二《王礼考七·君臣冠冕服章》，中华书局2011年版，第3447页。

图三五：南宋 陈居中（传）《胡骑春猎图》之袴褶装

《胡骑春猎图》，传为南宋陈居中绘。绢本设色，27.3 厘米 ×24.1 厘米，现藏美国大都会艺术博物馆。该图描绘的是北方少数民族骑射出猎的场景。画面近处是骑在马上观猎的众人，远处有一人策马奔驰，正向两只飞禽追猎过去。画中人或仰头、或伸手，注意力紧紧地聚焦于两只飞禽上，而两只飞禽也在上下翻飞，激烈争逐，其中一只应该是猎鹰。画面左侧有简笔勾勒的一片稀疏的茅草荡。整个画面远近呼应，疏密交错，有苍茫空灵之感。放大细看，近处观猎者上着紧身、窄袖的齐膝短衣，下着裤装，这便是最早的袴褶装。袴褶装打猎、骑射、行军尤为方便，故短衣、合袴就保留在了武士的服装中。南北朝时期，受战乱与鲜卑文化的影响，袴褶装颇流行，文武通服，且进入了朝堂。

三千年前生活在新疆的人就已经穿着合裆裤。合裆是骑马的需要，公元前 4 世纪末，赵武灵王胡服骑射，引进所谓“胡服”，上着紧身、窄袖、左衽的齐膝短衣，下着裤装，这其实就是最早的袴褶装。此后，短衣、合袴就保留在武士的服装中。南北朝时期，一方面战乱改变了人们的生活习惯，另一方面受鲜卑文化的影响，袴褶装流行，文武通服，并且进入了朝堂。唐代后期，新出现的幞头和圆领缺胯袍流行，又把袴褶装挤出了朝堂。

华夏服饰一直都在变化之中，汉晋不同，唐宋各异。推动服饰变化的一个重要因素是外来影响，用古人的话说就是胡服因素。传统时期，华夏之于周边，在文化上一直占据相对优势的地位，汉字所承载的文化源源不断地向周边辐射，与此同时，周边因素也以各种各样的方式进入并影响着华夏文明。胡服对华夏衣冠的影响，南宋的史绳祖有敏锐的观察，他指出，宋朝人穿的戴的，从头到脚无不透露着周边的影响：头上戴的幞头，“乃后魏狄制”，是北魏鲜卑人影响的结果；身上穿的一件套的圆领缺胯袍，也是北魏鲜卑人影响的产物，如果按照华夏传统应当是上衣下裳两件式的；脚上的乌皮六缝靴更是外来物品，“至赵武灵王作胡服，方变履为靴，而至今服之”。至于鲜卑帽变成幞头的过程，比史绳祖更早的北宋沈括，有十分精准的描述：“幞头，一谓之‘四脚’，乃四带也。二带系脑后，垂之；折带反系头上，令曲折附顶，故亦谓之‘折上巾’。”[1] 原本有着四脚（四条带子）的鲜卑帽，前面两脚环至脑后打结下垂，后面两脚反折上去，在头顶打结固定，由此开启了一种新帽式。鲜卑帽后面的披幅原本的作用是颈肩部的保暖，汉地冬季相对温暖，因此得以“折上”。

孔子曾经说：“微管仲，吾其被发左衽矣。”管仲是春秋时期公子纠的臣子。公子小白与公子纠兄弟争位，小白最终胜出，成了齐国的主人，史称齐桓公，名列春秋五霸。公子纠被杀之后，管仲转而辅佐齐桓公成就霸业。孔子和学生一起讨论管仲的历史评价问题，子路、子贡都质疑管仲的仁义。孔子却坚持管仲有大仁大义，他说：管仲辅佐齐桓公，称霸诸侯，维护了天下的稳定，老百姓到今天仍然享受着他带来的好处。如果没有管仲，咱们恐怕都要“被发左衽”了！“衽”在这指衣襟，“左衽”就是左襟压右襟，右衽反之。“被发左衽”是“夷狄之俗也”；“束发右衽”则是华夏的服饰文化特征。孔子的那句话，其实可以进一步理解为：如果没有管仲，我们恐怕早就沦为夷狄了！

1　孙机：《幞头的产生和演变》，载《中国古舆服论丛》，第 156—167 页。

图三六：南宋 佚名 《文姬图》

《文姬图》，南宋佚名绘，绢本设色，222 厘米 ×24.4 厘米，现藏美国波士顿博物馆。较之“文姬归汉”这一带有鲜明的爱国主义的宏大主题，《文姬图》所表现的则是蔡文姬在匈奴生活的场景，是一个相对个人化的故事题材。画面中，文姬与丈夫骑马偕行，怀中各抱一个孩子，他们边行进边交谈，画中洋溢着一家人其乐融融的幸福。同时，我们也看到，蔡文姬的丈夫戴幞头，着圆领缺胯袍衫，足蹬长靴，是典型的胡人装扮。华夏服饰一直处于变化中，汉晋不同，唐宋各异，而推动服饰变化的一个重要因素是外来影响，也就是胡服因素。正是在不断的融合中，我们的着装才渐趋多元化，有了更多可能性。

在孔子看来，服饰及服饰所代表的生活习俗与生活方式是华夏之所以为华夏的重要标志。倘若生硬地照搬这个标准，则今日之中国人人剪短发、穿洋装，华夏岂不荡然无存矣？所以，我们需要对孔子的这句话做一个更为宽泛的理解，凡为华夏之文化所化者，无论束发、披发、断发，都是华夏。只有这样，我们才能真正理解和接纳华夏服饰的变迁。

缠足恶史

缠足毫无疑问是中国历史上最恶劣、丑陋的文化现象。

我一边翻阅高彦颐的专著《缠足——“金莲崇拜”盛极而衰的演变》[1]和《步步生莲：小脚鞋》一边反胃——那是种毫不夸张的生理不适的反应。20 世纪 90 年代，西安军医大学的学生做过缠足的实地调查[2]，调查报告里有缠足的裸照和 X 光片——一只好好的脚，四根小脚趾骨都被生生地压折了，只有骨头折了，那四根小脚趾才能被藏到脚背下面，从而让脚的前端形成一个以大脚趾为尖端的锥面。缠得严重的，脚面是一个大鼓包，脚后跟根本无法着地。

好端端的脚为什么要弄成这个样子？我不见其美，只见其恶。因为缠足问题，我对原本崇敬的苏东坡产生了嫌隙。德国洪堡大学曾收藏过一只从香港取得的缠足标本。2010 年，他们要办一个很小型的纪念活动，想邀请一位中国学者去做报告。因为没找到更合适的人选，我临危受命，速成为缠足问题专家，在盛暑之中闪电访问柏林。任务达成，心里却对苏东坡生了芥蒂——中国历史上第一首赞美三寸金莲的词就是苏东坡写的：“涂香莫惜莲承步，长愁罗袜凌波去。只见舞回风，都无行处踪。偷穿宫样稳，并立双趺困。纤妙说应难，须从掌上看。”

纤细美妙不可言，捧在掌上细细把玩的分明就是小脚了。大约在宋神宗朝晚期，这项从宫中舞女兴起的恶习，在开封的上层家庭中流传开来。当时有人从外地到开封，发现首都有三绝：洛阳花、福建茶和妇人足。洛阳的花木嫁接技术发达，培育了不少优新品种，花市一

---

1 ［美］高彦颐著，苗延威译：《缠足——“金莲崇拜”盛极而衰的演变》，江苏人民出版社 2009 年版。

2 参见秦为径：《中国四省部分地区现存缠足畸形抽样调查》，第四军医大学硕士学位论文，2008 年。

直开放到夜晚，“列肆千灯争闪烁，长廊万蕊斗鲜妍”。福建茶指的是福州、建州进贡来的团茶，以及源自福建地方的斗茶习俗。妇人足就是裹的小脚。苏轼的朋友赵令峙给苏轼写信说，首都妇人的妆容和小脚冠绝天下。可见这小脚在当时只是首都时尚圈的高端时髦，外地还没有。到了南宋，缠足开始普遍流行，成为女性美的标志。南宋福州黄昇墓出土弓鞋6双，鞋长13.3—14厘米，宽4.5—5厘米。黄昇死的时候十七岁，已经成年。一个成年女性穿35码鞋的脚约长22厘米，宽6厘米。黄昇的脚应该是在未成年时就被强制停止生长了，她的两只脚上还各自裹着一段宽9厘米、长210厘米的裹脚布。

裹脚习俗起于宫廷，首先蔓延到首都的上流社会，继而向外辐射，最终成为华夏民族上层（包括为上层服务的）女性的标配，一直延续到清末。当然，不是所有汉人女子都缠足。清朝“两广之民，惟省会效之，乡村则皆不裹。……苏州城中女子以足小为贵，而城外乡妇皆赤脚种田，尚不缠裹”[1]。缠足习俗兴起之后，入主中原的蒙古人和满人是不缠足的。蒙古人粗疏，管不到这些。满人入关之初，曾经明令禁止缠足，然而缠足禁令遭到了汉人抵制。在满族统治者狭隘的民族压迫政策之下，女人的缠足与男人的束发同样被赋予了悲壮的民族主义色彩。然而结局却大相径庭：最终，男人还是剃了头穿起了满式袍褂，而女人的脚却越缠越小、越缠越紧。

与此同时，男性的恋足癖（金莲癖）愈演愈烈。清人李渔靠写戏、经营戏班为生，是一个诚实的享乐主义者，他曾经这样炫耀自己的小脚鉴赏水平：“兰州女子之足，大者三寸，小者犹不及焉，又能步履如飞，男子有时追之不及，然去其凌波小袜而抚摩之，犹觉刚柔相半。即有柔若无骨者，然偶见则易，频遇为难。至大同名妓，则强半皆若是也。与之同榻者，抚及金莲，令人不忍释手，觉倚翠偎红之乐，未有过于此者。向在都门，以此语人，人多不信。一日席间

1 ［清］赵翼：《陔余丛考》卷三一《弓足》，中华书局1963年版，第656页。

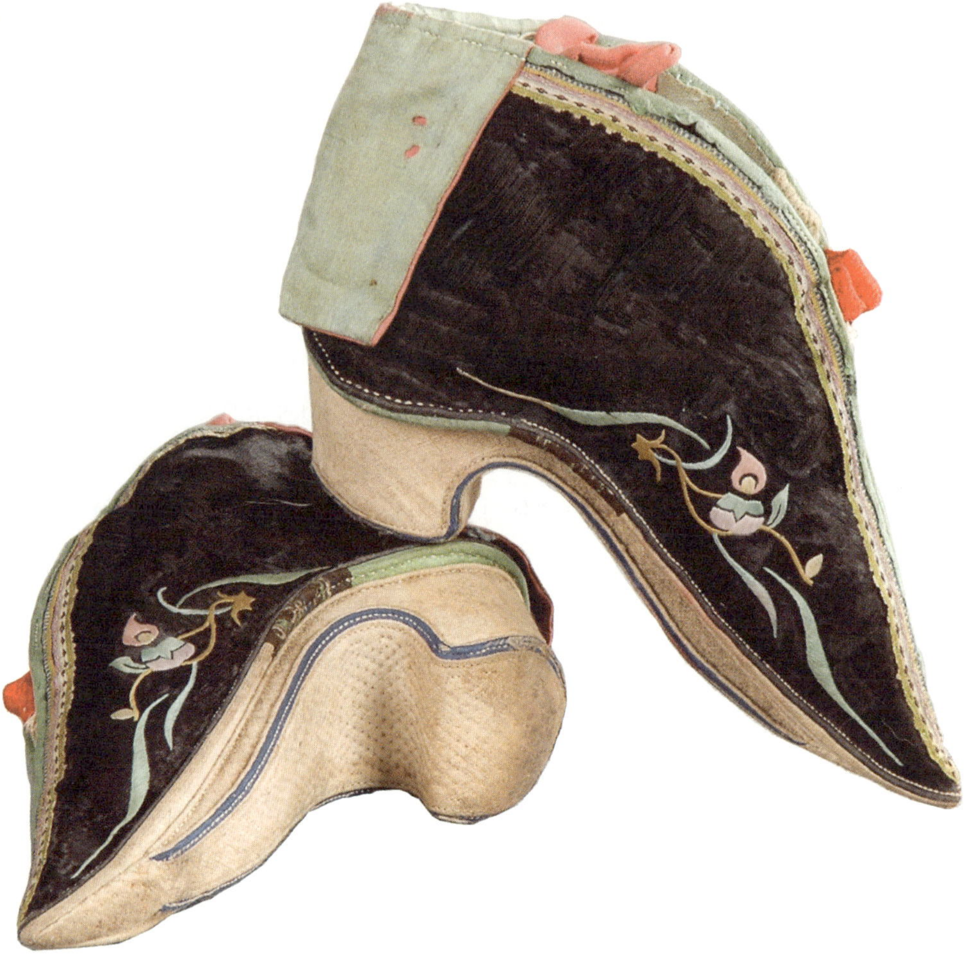

图三七：“三寸金莲”鞋样 清末

上图是清末山东地区的黑绸花纹弓鞋，现藏四川省建川博物馆。大约从 11 世纪 80 年代起，缠足这项从宫中舞女兴起的恶习，在开封的上层家庭中流传开来。时人从外地到开封，发现首都有三绝：洛阳花、福建茶和妇人足。一些文人雅士也曾赋诗赞美过三寸金莲，东坡便有：“涂香莫惜莲承步，长愁罗袜临池去。只见舞时风，都无行处踪。偷穿宫样稳，并立双趺困。纤妙说应难，须从掌上看。”至南宋，缠足之俗始风行，已然成为女性美的标志之一。

图三八：喜靴 清末

此图为清末喜靴，现藏四川省建川博物馆。该喜靴虽呈靴状，但其鞋面及鞋底部分依旧是典型的三寸金莲形样。靴管为缎面，上面平绣着西瓜与蝴蝶，寓意瓜迭（蝶）绵绵，象征着婚姻美满，多子多孙。我们看到，鞋头呈尖状，鞋面极短，且呈近45度的立角，鞋底略带后跟。要在不足巴掌大小的鞋腔内塞下双足，不难想见，裹脚手段之残忍，裹脚过程之痛苦。

拥二妓，一晋一燕，皆无丽色，而足则甚小。予请不信者即而验之，果觉晋胜于燕，大有刚柔之别。”[1] 他在这里把“金莲”当玩具细细把玩、津津乐道，我想到看过的图片，想到人的脚竟然会被折磨至此，便觉不忍。

裹脚的过程非常残忍。为了裹得小，就得下手早，通常五六岁或者七八岁，趁着“足骨脆弱”就要裹起了。负责裹足的通常是母亲，

1 ［清］李渔：《李渔全集》第3卷《闲情偶记》，浙江古籍出版社1991年版，第114页。

小孩子怕疼，所以“初缠之时”，做母亲的要“甘言诳诱，极似渔翁之饵鱼”；缠足不是一蹴而就的，必须持之以恒，每日用力缠裹，不然就又长回去了，在小脚的定型阶段，母亲要“严束狠棰，又似狱吏之遇犯囚”；终于，小脚定型，忘记了它本来的生物学形态，此时，母亲也恢复了温柔，“指导鞋样及妙姿，语温意挚，俨若循循善教之良师矣”[1]。

《孝经·开宗明义》就说：“身体发肤，受之父母，不敢毁伤，孝之始也。”缠足违背孝道，所以大儒程颐家的女孩子“不缠足，不贯耳”[2]，程家的这个规矩一直到元初仍然坚持。程家对女子自有一种儒家的尊重，后世学者动不动就把明清陋习怪到程朱理学上，这个锅不该让程颐背。程家女儿的故事，我们后面细讲。南宋的明白人车若水曾质问：“妇人缠脚，不知起于何时。小儿未四五岁，无罪无辜，而使之受无限之苦。缠得小来，不知何用。”[3]

缠足究竟有何用呢？满足李渔们的恋足癖，是实用之用。在此之上，更有所谓纲常之用。清朝民间读物《女儿经》中说：“为甚事，裹了足？不因好看如弓曲，恐他轻走出房门，千缠万裹来拘束。”[4]清末名医王士雄认为，古人之所以要把女子的脚缠裹起来，“非饰美丽也，为拘游走也”。对女性要“拘游走”，王士雄没意见；但是他认为，为了“拘游走”，“顾为此戕贼形躯之事，忍莫甚矣！拙莫甚矣！”缠足“相习成风，陋俗难革”，作为医生的王士雄所能做的，也只是提

---

1 李荣楣：《浭南莲话·阿母施缠之三态》，见姚灵犀：《采菲录》，上海书店出版社1998年版，第49页。

2 ［元］白珽：《湛渊静语》卷一，见朱瑞熙：《宋代社会研究》，中州书画社1983年版，第129页。

3 ［宋］车若水：《脚气集》卷一，见朱瑞熙：《宋代社会研究》，中州书画社1983年版，第129页。

4 陈东原：《中国妇女生活史》，商务印书馆2015年版，第186—187页。

供了一个裹脚辅助方——“庶易效莲钩之式，聊纾玉趾之疼云尔”[1]。不能改变习俗，只能缓解痛苦。面对陋习之大势，他只能做个善良的医者。

明朝人在某些方面的“奇思妙想”令人瞠目结舌。曾经有个叫瞿九思的人，异想天开，竟然要用缠足来腐蚀北方强敌蒙古人。具体做法如下：让蒙古的女人效法中国，把脚缠成弓样，“使男子惑溺，减其精力，惰于击刺，以为此弱虏制虏妙策”。先不说蒙古人是否上当，单说这瞿九思竟一厢情愿地认为，一旦女人裹了小脚，男人就会“惑溺”，可见其人是多么地“惑溺”于小脚！如此荒唐的想法却被认为是“弱虏制虏妙策”。他哪里知道，隆庆元年（1567年），“大虏攻陷山西石州，掳所得妇女驱之出塞，憎其不能随马疾驰，尽刖其双足以车载归，百无一活”[2]。可叹这瞿九思，既不知蒙古，亦不知本朝，却在那里冒充诸葛亮指点江山。

“妇女缠足，合地球五大洲九万里，仅有中国而已。”[3]缠足把华夏民族接近一半的人变成了残疾人，而且培养了种种让现代文明人百思不得其解的恶趣味。“缠得小来，不知何用？”有益于女性自身、有益于家庭、有益于社会的真用处，半点也无。然而，当缠足变成一种社会习俗，当缠过的小脚成为女性社会身份的象征，当缠足能带来大好姻缘，当恶趣味成为男性的集体偏好，缠足就在男女之间制造了一种新的性别差异，缠足的拥护者又将缠足与女性贞洁联系一处，将缠足打扮成道德的守护神，缠足从此成为日益僵化的社会秩序的一部分。缠足是男权社会的不平等游戏，男性是游戏规则的制定者、玩家和裁判，女性是游戏的参与者，游戏的对象是女性身体的一部分——脚。选妻、选妾都要从脚开始，脚小者得良配、得恩宠、得资源。“在

---

1 ［清］王士雄：《四科简效方》丙集，见盛增秀主编：《王孟英医学全书》，中国中医药出版社2015年版，第563页。

2 ［明］沈德符撰，杨万里校点：《万历野获编》，上海古籍出版社2012年版，第502—503页。

3 郑观应：《郑观应论缠足之害》，见姚灵犀：《采菲录》，上海书店出版社1998年版，第55页。

图三九：红绸弓鞋 清末

此图为清末山西地区的红绸弓鞋。鞋尖边缘刺绣了佛手、凤凰，佛手的“佛”与“福”谐音，取福气之意；凤凰则寄予了祥瑞高贵之意。将佛手与凤凰绣于鞋边儿上，寓意福气与祥瑞并举。清末山西大同还有“亮脚会”——每年农历六月六，妇女列坐家门口，将三寸金莲伸出，供往来路人观摩、品评。民国初，有好小脚者作《品莲说》，其中将“金莲”分了等级与品类，共有上、中、下三等，每等又分三或五类。从形样到尺寸，每等每类皆有严格的评判标准。上等有“四照金莲”“铲头金莲”“单叶金莲”三类，中等有“锦边金莲”“鹅头金莲”“千叶金莲”“并头金莲”“并蒂金莲”五类。从上述对小脚五花八门的叫法中，足见当时兴盛的缠足之风下扭曲与变态的审美观。

这样一种全景式的监督下，妇女无从逃脱，唯有接受并内化男人的价值标准和要求。这些内化了男人价值标准的妇女，又以主动的态度顺从与迎合缠足，由此便创造出了内容丰富、形式独特的中国女性缠足文化。”[1]

西汉的张敞为妻子画眉，让人告到了皇帝面前。张敞并不回避，

1 李志生：《试析缠足文化涵义的对立特点》，载《山东女子学院学报》2012 年第 5 期，第 60 页。

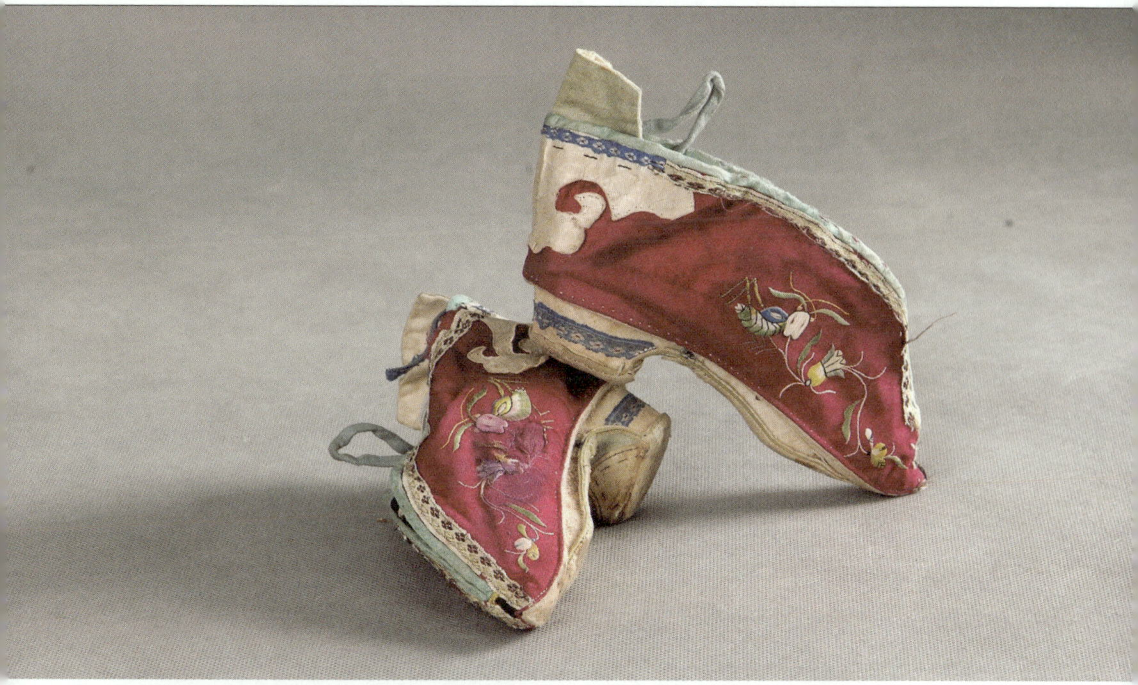

图四〇：紫红绸带拽跟鼻弓鞋 清末

上图为清末紫红绸带拽跟鼻弓鞋，现藏四川省建川博物馆。我们看到，弓鞋短小精致，鞋面以平绣法绣有白菜与蝈蝈，因“蝈”与“官”谐音，寓意升官，“白菜”与“百财”谐音，寓意发财。且“蝈蝈”与“哥哥”谐音，民间又称“喜叫哥哥”，寓意祈求生男孩，多子多孙。缠足是男权社会的不平等游戏，男性是游戏规则的制定者、玩家和裁判，女性是游戏的参与者，游戏的对象是女性身体的一部分——脚。在这种全景式监督下，妇女无从逃脱，唯有接受并内化男人的价值标准和要求。那些内化了男人价值标准的妇女，又以主动的态度顺从与迎合缠足，由此便造就了内容丰富、形式独特的中国女性缠足文化。

只说："臣闻闺房之内，夫妇之私，有过于画眉者。""上爱其能，弗备责也，然终不得大位。"皇帝爱惜张敞的才能，没有继续追究，然而张敞也最终没能做到宰相。为老婆画眉、喜欢爱妾的"金莲"，在传统文化当中都是"做得说不得"的事情。然而到了19世纪后期，女人的小脚却忽然成了关系国家民族前途命运的大事。

"西方人通过新闻报道、临床医学、摄影照片、X光扫描机及博览会等手段，剥去了古代妇女缠足的外在形式美——华丽的绣鞋和精美的膝裤，向人们展示、揭露和呈现了缠足妇女的赤裸畸形肉足。"缠足从此被视为一种肮脏、邪恶、野蛮的存在，是中国衰弱的原因。何以至此？因为缠足使妇女"血气不流，气息污秽，足疾易作，上传身体，或流传子孙，弈世体弱"。而"欧美之人，体直气壮，为其母不裹足，传种易强也"[1]。缠足导致民族衰弱的观念，在甲午战争失败之后逐渐被更多的人接纳。

首先是在西方传教士的影响下，然后是在中国知识精英的自我觉醒中，近代中国在女人的脚上展开了一场轰轰烈烈的革命——"反缠足"运动、"不缠足"运动、"天足"运动。1875年，光照牧师(Rev. John MacGowan)在厦门设立了戒缠足会，这是最早的反缠足组织；1883年，康有为在海南创立不缠足会。反缠足运动迅速席卷广东、湖北、湖南、澳门、福建、天津、甘肃、四川等地，北京部分广东籍的京官也订立不缠足约。1901年，清政府颁布上谕，敦促汉人士绅"渐除积习"。孙中山任中华民国临时大总统后，于1912年3月发布《内务部通饬劝禁缠足文》，斥之为"害国凶家"的"恶习"，以为"此等恶俗，尤宜先事革除，以培国本"[2]。1928年，国民政府"内政部"通令全国禁止缠足。

1 李志生：《试析缠足文化涵义的对立特点》，载《山东女子学院学报》2012年第5期，第58页。

2 黄彦编：《孙文选集》中《敕内务部着各省劝禁缠足令》，广东人民出版社2006年版，第264页。

这场“女人脚上的革命”有着温情体贴的一面。比如，放足或者天足女性的出嫁问题得到了重视。梁启超等人组织的上海不缠足会章程规定：“凡入会人在入会之后所生之男子，不得娶缠足之女；若其子在入会前已经长大，无不缠足之女可娶，或入会人尚少，择配不易相当，算作例外。”而四川重庆府二百五十家士绅互相订约，女子不缠足，男子不娶缠足妇。脚放开之后还能嫁得出去，这就没有后顾之忧了。还有一项很有意思的考虑：放足之后，弓鞋不能穿了，那穿什么鞋？1900 年，西方传教士在武汉倡办的天足会发布广告：“请中国闺秀各出心裁，制一天足履式，不尚精巧，专尚大方。制就送交汉口汇丰银行代收。汇齐评定甲乙，取中第一，赠洋五圆，以次递减，至半圆止。”[1]

不缠足运动解放了中国女性，让女性有可能走入现代文明。但是，当我们回顾历史却发现，在从缠足到天足的发展过程中，女性地位极为尴尬。比如清初的缠足禁令是这样规定的：“有抗旨缠足者，其夫或父杖八十，流三千里。”事情发生在女人的脚上，惩罚的却是男人。应当说，这是一个非常符合逻辑的规定。因为，在不缠足这件事情上，虽说受益者是女性，然而起决定作用的仍然是男性。那么，女性在哪里呢？

通常书上会说，1928 年或者 1949 年之后就没有缠足了。国家这么大，地域差别这么大，哪有这么顺当的事情。1965 年，云南省政府还发布过禁止缠足的命令。很多时候是女性主动要缠的。为什么？因为裹了小脚可以避免大田劳动。进入 21 世纪，还有所谓的“女德班”鼓吹缠足的好处。今夕何夕，令人恍惚又诧异。

1　杨兴梅：《被“忽视”的历史：近代缠足女性对于放足的服饰困惑与选择》，见陈廷湘主编：《川大史学·专门史卷一·中国文化史》，四川大学出版社 2006 年版，第 537—554 页。

宋 佚名 《盥手观花图》

住

安得广厦

人间烟火

田园生活的烦恼

结庐在人境，而无车马喧。
问君何能尔？心远地自偏。
采菊东篱下，悠然见南山。
山气日夕佳，飞鸟相与还。
此中有真意，欲辨已忘言。

这是陶渊明的《归园田居》。在我小学的时候，父亲买回来了一套儿童版的《中国历代诗歌选》，其中就有这篇《归园田居》。自此，我便喜欢上了陶渊明。

本以为我和陶渊明一样，是田园的赤子，“少无适俗韵，性本爱丘山”。后来我发现喜欢陶渊明，只是因为我也有一颗热爱自由、向往自然的心，但是经过多年的城市生活之后，我已经离不开城市生活带来的种种便利。一个在城市生活的便利中长大的人，很难回到真正意义上的田园。近年来，我时常会在各种媒体上看到城市精英下乡改造传统民居的故事，主人公通常是设计师或者有设计改造能力的理工男女，夫妇二人带着一双儿女，把破旧的民居改造成理想的田园。这样的故事让人心生羡慕。但故事里的田园已经不是传统的田园，它是通过现代交通和通信手段与城市生活高密度联结的现代田园。传统的田园生活本身，并没那么多诗意，诗意是像陶渊明这样自由的灵魂赋予的。

退一步说，陶渊明其实没有什么选择，他若不当官，大约也只能归园田居，因为他生活在传统时期中国精英居住状态的第二阶段。我在此斗胆将传统时期中国精英的居住状态分为三个阶段。这种说法尚未经过仔细论证，肯定有不准确之处，姑且竖个靶子，大家一起思考。

第一阶段是先秦时期。西周封建，贵族通常居住在自己的封地上；春秋战国是第一阶段向第二阶段的过渡期，新兴的士阶层四处游走找工作，找到工作的会在诸侯的都邑建立新居所，如果获得封地，也可能在政治上失势后回到封地居住。比如卫人吕不韦辅佐子楚登上秦国王位，子楚以吕不韦为丞相，封文信侯。文信侯的封地在洛阳，吕不韦先后辅佐子楚、嬴政，一直居住在咸阳，直到他被嬴政罢免了相国之位，才“就国河南”[1]，回到洛阳居住。

秦汉以降至于隋，为第二阶段，这一阶段的特点是，中央官员居住在首都及其周边地区；地方长官为中央任命，但数量不大，居住在政区所在城市；为数众多的地方佐官就是本地精英，在本地居住，过着田园生活。陶渊明所生活的东晋就属于这一阶段。这一阶段的精英也会受国家的任命到外地做官，但是他们的根在土地上，他们通常拥有大量土地，是大庄园的主人，比如我们讲过贾思勰的《齐民要术》，其中讲的就是大庄园的经营，而那种大庄园是有能力自给自足的，除了盐和奢侈品之外，几乎生产一切。陶渊明家未必有这个条件，但靠土地维持自足的生活，是没有问题的。

隋唐以后，传统精英的居住状态进入第三阶段，官员全部由国家选任，在全国范围内统一调配任职。这是一个士族瓦解，平民崛起，土地所有权频繁转移的时代，“千年田换八百主”，大部分官员没有足够的土地保障基本收入，因此，俸禄等做官的职业收入成为他们维

1 ［汉］司马迁：《史记》卷八五《吕不韦列传》，中华书局 1982 年版，第 2512—2513 页。

图四一：北宋 赵令穰 《陶潜赏菊图》（局部）

《陶潜赏菊图》，北宋赵令穰绘。绢本设色，全卷 416.4 厘米 ×30 厘米，画心 84 厘米 ×30 厘米，现藏台北故宫博物院。宋代皇室很重视绘画，皇室成员中也出现了数位有名的画家，这幅《陶潜赏菊图》的绘者赵令穰便是其中一位。他是宋太祖赵匡胤的五世孙，其子赵伯驹也是宋代著名画家。此画所绘的是临江小亭内，二人对酌的情景。画作层次分明，远处雾锁群山，幽远缥缈，近处红枫翠竹掩映，溪涧江水环绕，意境淡雅邈远。据说，画中对酌者所饮的正是重阳节的菊花酒。二人把酒对饮，相谈甚欢，世外桃源中悠然自得的意境呼之欲出。

持生计的主要来源，官员对国家的依附性增强，越来越多的官员在获得任命之后会从故乡“连根拔起”，搬入城市居住，在故乡以外的地方购置房屋、土地，死后也不再归葬故乡。比如，欧阳修是江西吉州庐陵人，他的父亲葬在泷冈，欧阳修曾经写下千古名篇《泷冈阡表》，追忆父母生平，以志哀思。但是，欧阳修中年之后搬到了颍州（今安徽阜阳）。欧阳修毫不掩饰对颍州风土的热爱，他主动请求做颍州的地方长官，爱颍州老百姓淳朴、很少有人打官司，土厚水甘，于是“慨然有终焉之志”。离开颍州之后，他的“思颍之念，未尝少忘于心。而意之所存，亦时时见于文字，乃发旧稿，得南京以后诗十余篇，皆思颍之作，以见予拳拳于颍者，非一日也”。欧阳修在颍州买房置地应该很早，1052 年，他母亲去世后葬在了颍州，因此他为母守孝也是在颍州。1070 年，欧阳修回乡拜祭了父亲的坟墓，写下了《泷冈阡表》，次年正式退休，归老颍州。南宋的江西人洪迈对欧阳修没有回故乡十分介意，他批评欧阳修的思颍诗“惜无一语及于松楸之思”，可惜没有一个字提到故乡坟墓。又说，欧阳修生了四个儿子，但他们都是颍州人了，泷冈之上，就再也不会有子孙光临。“是因一代贵达，而坟墓乃隔为他壤”，因为一代做了大官，故乡坟墓却成为隔绝的他乡。洪迈说“予每读二序，辄为太息。”其中“二序”指《思颍诗序》和《续思颍诗序》。洪迈“太息”得有道理，因为他所处的时代，有越来越多的无法在官场大展身手的读书人已经回到了乡下，开始了建设新农村的活动。但是总体而言，进城居住是主流，直到今天依旧如此。

为什么要进城？最简单的理由是城里生活方便。传统中国的城市不同于西欧的城市。西欧的是封建堡垒以外新兴自由民商业聚落。传统中国的城市则首先是帝制国家的各级行政中心——最高级别的是首都，其下是州城、县城等各级政府所在地；然后，由于政治的集中，优秀人才、优质物资也向各级城市辐辏集中，人流和物流集中之处，“天下熙熙，皆为利来；天下攘攘，皆为利往”，商业、娱乐业因此繁荣。在城市生活的映照之下，田园生活就显得不方便了。

图四二：明 仇英 《清明上河图》（辛丑版）（局部）

众所周知，《清明上河图》最早由北宋张择端所绘。其后，古代熙攘的街市景象便成了一种样式，历代画家多有效仿之作，其中最著名的是仇英以明代苏州城为背景，仿绘的《清明上河图》。随着政治的不断集中，优秀人才、优质物资逐渐向各级城市辐辏靠拢，人流和物流集中处，“天下熙熙，皆为利来；天下攘攘，皆为利往”的商业街市便迅速繁荣起来了。从画中看到，街上行人络绎不绝，两旁店铺鳞次栉比，既有梳妆店、茶壶店、字画装裱店，又有银店、药材行、字画古玩行等，可谓各行各业一应俱全。充分体现了城市生活的丰富与便捷。

如何不方便？“医药弗便，饮膳难得。”南宋的张九成是绍兴二年（1132 年）的状元。中进士之前，因为家里穷，张九成在盐官乡当“村教书”，教村塾，村子偏僻没有市场，实在没什么吃的，村里供给教书先生的只有蔬菜和笋子。吃多了伤胃，不时发病。“建炎三年十月二十六日，予自村中归，忽中邪风，未及息肩即病，上呕下泻，胸中烦而子腹急，证为伏阴伤寒，六脉俱绝，累然待尽而已。”如果不是当时有朋友想起一位懂医理的僧人，只怕张九成就一命呜呼了。

除了医疗条件差，餐饮条件差也是农村生活的一大不便。讲个故事：北宋有个三鸦镇，在河北边境，地方偏僻，只设有一名镇官，俸禄微薄。当时为了阻挡辽朝骑兵南下，在河北边境广开塘泊，所以水

银店、药材行、字画古玩行

图四三：南宋 李唐 《炙艾图》

《炙艾图》（又名《村医图》），南宋李唐绘。绢本设色，立轴，68.8 厘米 ×58.7 厘米，现藏台北故宫博物院。此画所绘的是一赤脚郎中为村民医病的情景。在一片树荫下，坐在矮凳上的郎中手持燃着的艾条，正为患疾老翁疗病。因艾灸炙烤很疼，接受治疗的老翁正大张着嘴巴叫疼；他面前有一人以双手紧捏其手腕，同时以脚踩其股，保证他不要扭动；老翁右侧是一老妪，正半眯缝着眼，一副想看又不敢看的样子；还有一童子干脆躲在大人身后，吓得不敢看。红红的艾头在老翁身上一下下地炙着，郎中身后的童子已备好狗皮膏药，待艾灸结束，就将膏药贴于病灶处。画中人物表情刻画生动，现实主义的生活场景反映逼真，从人物着装可看出，此地为经济发展落后的偏鄙之乡，缺医少药或为常态，也只有走方郎中能为村民医点儿小病。

产还是很丰富的，但是市场上除了莲藕、鱼鳖，没有其他东西供应。三鸦镇地处偏僻，上级领导也很少到这儿来视察。有一次不知道为什么，来了一名转运使。三鸦镇上静悄悄，“入其治，则官吏已悉委去，无簿书可寻诘。徘徊堂上，顾纸屏间题字尚湿，试阅之，乃小诗曰：‘二年憔悴在三鸦，无米无钱怎养家？每日两餐唯是藕，看看口里出莲花。’”前任镇官不堪忍受贫穷寂寞，刚刚弃官逃跑了。镇官虽然卑微，好歹也是官。吃藕吃到落跑，实在夸张。其中的真实部分，是小官的穷困和偏僻乡村的落后，这肯定不是我们想要的田园。

乡居生活还有一大不便，是缺乏志同道合的朋友的孤独。陶渊明的时代，因为大家都会归园田居，所以找个伴儿应该还不难。比如陶渊明四十八岁搬家至南村。他想搬去南村的愿望和欧阳修想要住到颍州的想法，一样由来已久和坚定。为什么？“闻多素心人，乐与数晨夕。……奇文共欣赏，疑义相与析。”“物以类聚，人以群分”，同气相求是人之常情。当历史进入第三阶段，随着越来越多的人搬到城里去住，如果你想要找到可以共赏奇文、同析疑义的人，进城去恐怕是必须的。但是，究竟选择哪个城市？这还是要费一番搜寻功夫的。

古人的住房问题

于人而言，住是一个必须解决的问题。当今中国，住的问题困扰了许多人。那么，古人究竟是怎样解决住房问题的呢？住的问题可以分为两大部分：一是短期旅行的住宿，一是长期在某地生活的住房。住房可租可买，买又包括买现房和买地自建房。

为短期旅行提供住宿的是两个系统：一个是官营的驿馆，一个是私营的旅店。驿馆设置在官路之上，唐代原则上每三十里设一驿，宋代改为“六十里有驿，驿有饩给”，但是每二十里有马铺、歇马亭。帝制中国历史上覆盖面积最广阔的驿站系统是元朝的，一直向西延伸到欧洲。

图四四：北宋 李成 《晴峦萧寺图》（局部）

《晴峦萧寺图》，北宋李成绘。绢本淡设色，111.4 厘米 ×56 厘米，现藏于纳尔逊—阿特金斯艺术博物馆。此画所绘为冬日山中景色。画中群峰连绵，层峦叠嶂，远处山峰沟壑纵横，直入云霄；群峰下有一座楼阁，掩映于枯木后。视线拉近放低，可看到山脚下水榭、馆亭错落散布，上有行人或于其中补给歇脚，或正匆匆挑担赶路，或在茶余饭后临水发呆；一座木桥搭建于山的两端，有骑驴担担者正欲过桥。此画下方反映的即为一处供旅人歇脚停留的旅店，店内或只提供饮食，无住宿服务。旅店以界画绘就，笔触细腻，线条流畅，山体褶皱、茅屋边缘和人物表情皆清晰可辨。整幅画面雄浑壮观，细节处又不失精巧灵动。所谓"仰画飞檐"，即出自李成之画作。

宰相，在开封盖房子，大厅前面建得很窄，仅能容一匹马掉头。有人批评太寒碜了，李沆笑着说：“居第当传子孙，此为宰相厅事诚隘，为太祝、奉礼厅事已宽矣。”[1]“太祝、奉礼”指太常寺太祝、奉礼郎，是官僚子弟恩荫入仕的常用官衔。李沆的意思是，倘若子孙无能，只能靠父祖荫庇做个小官儿，那也就无所谓了。宋朝的高官以俸禄优厚著称，钱不是问题。后来，夫人又劝他买新房，李沆说：“但念内典以此世界为缺陷，安得圆满如意，自求称足？今市新宅，须一年缮完，人生朝暮不可保，又岂能久居？”李沆的回答，显示了佛教对他的深刻影响，也透露出社会阶层之间流动的信息。

李沆的代际传承观念，并非绝无仅有。宋初的武将郭进的表达更加直率，他在开封城北的大宅子落成，举行宴会庆祝，“乃设诸工之席于东庑，群子之席于西庑”。让建筑工人坐上首，自己的儿子坐下首。有人问他：“诸子安可与工徒齿？”郭进指着工人们说：“此造宅者。”又指着儿子们说：“此卖宅者，固宜坐造宅者下也。”[2]

晚唐五代的战争和政治动荡将世家大族涤荡殆尽。从宋朝起，国

1 ［元］脱脱等撰：《宋史》卷二八二《李沆传》，中华书局 1985 年版，第 9541 页。

2 ［宋］沈括撰，金良年点校：《梦溪笔谈》卷九《人事一》，中华书局 2015 年版，第 96 页。

家不再干预土地兼并。科举向几乎所有男性开放，朝廷通过相对公平的考试选拔官员，个人奋斗、科举成功成为家族盛衰的决定性因素。人的阶层流动性增强，经济地位、政治地位、社会地位都是可以获取的，也是可以失去的。有人向上，就有人向下。生活在这种社会中的人必须持续奋斗，也必须有一颗平常心，能为向上的欢呼，也要能接纳向下的。

城市的秘密过往

我们对传统时期的城市充满了各种刻板印象，比如，你会觉得它一定有墙，一定热闹，一定“像个城市”。其实未必。

我家附近曾经有一处海淀区的文物保护单位——齐白石墓。一座坟墓，隔着十几米的距离与居民楼朝夕相对，老实说，这不是中国人习惯的阴阳相处方式——活人不舒服，死者恐怕也会被扰攘。那么，为什么居民区会建到齐白石墓前？真实情况是，齐白石墓在前，居民小区在后。1945 年，齐白石就为自己选定了这块墓地，亲自篆额立碑。1957 年逝世后便归葬于此。齐白石选择在此地安息的原因很简单——1945 年齐白石为自己选定长眠之所时，这片地方正是湖南公墓。湖南人葬在湖南公墓，也算是某种意义上的落叶归根了。这样来看，直到 1957 年齐白石入土为安，我所住的这一片其实都是墓葬区。按当时的城市发展状况来看，此地在西直门外，远离喧嚣，正是死者可以含笑九泉的地方。2013 年，齐白石墓迁往西山。从 1945 年到 2013 年，六十八年间，齐白石墓以一种独特的方式，见证了海淀区的发展，城市的生长也一点一点地挤占了死者的栖息之地。

类似的故事，在传统时期的城市中也曾上演。北宋淄州（今山东淄博）有一位隐士王樵，他也给自己修了一方墓，号称“茧室”。

二三十年之后，新任知州要表彰隐逸，想拜祭王樵墓，却发现那地方“已构屋为民居”[1]，已经盖上房子成为民居。幸好，王樵还有个外甥，把他的坟墓迁到了更偏远的地方。

严格说来，王樵构筑茧室的地方，跟齐白石所选择的墓地还是有很大区别的。齐白石的墓地选在了近代城市的公共墓地中，而王樵构筑茧室的地方是在淄州城里。也就是说，传统时期的城市之中，其实有很多“非都市化”的地块。

比王樵略晚，11 世纪 80 年代，苏轼因“乌台诗案”被贬黄州，筑“东坡雪堂”，自此从庙堂才子升华为中国人人格美的典范，成为“苏东坡”。苏轼在东坡，日子过得艰苦而乐观，他在给朋友的信中说：“某见在东坡，作陂种稻，劳苦之中，亦自有乐事。有屋五间，果菜十数畦，桑百余本，身耕妻蚕，聊以卒岁也。”能够盖五间房子，还能种稻，种一百多棵桑、十多畦蔬果，“东坡”简直就是一个小型农庄了。那么这个小农庄在什么地方？黄州城中。同样是在写给朋友的信中，苏轼谈道：“近于城中得荒地十数亩，躬耕其中。作草屋数间，谓之东坡雪堂。种蔬接果，聊以忘老。”[2]南宋人王象之《舆地纪胜·黄州·景物上》说“东坡在州治之东百余步”。距离知州衙门一百多步的地方，竟然能找出十多亩空地，这黄州城的城市面貌肯定不是我们平常想象的那样。传统的城市之中常有空地，都市之中亦有乡村或者说“非都市化”的地块，这是传统城市的第一个秘密。

这种状态与中国传统城市的性质密不可分。城市这个词由两部分组成：“城”指城堡，《墨子》说“城者，所以自守也”，城具有军事防卫功能，是政治控制的中心。“市者，买卖之所也”，是经济活动的中心。城市是“城”与“市”的结合，兼具政治控制、军事防卫与经济中心的功能，最核心的是政治控制功能。帝制时期的中国城

1 ［元］脱脱等撰：《宋史》卷四五八《隐逸中·王樵传》，中华书局 1985 年版，第 13440 页。

2 ［宋］苏轼撰，［明］茅维编，孔凡礼点校：《苏轼文集》卷五一《尺牍·与李公择十七首之九》；卷六〇《尺牍·与子安兄七首之一》，中华书局 1986 年版，第 1499、1829 页。

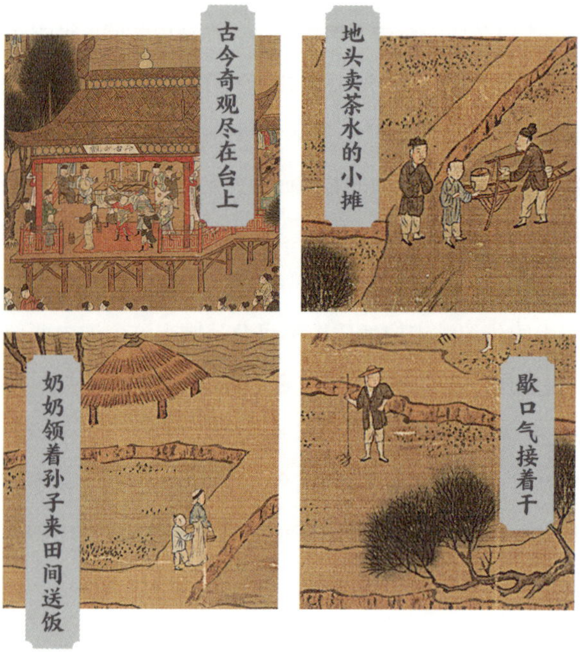
古今奇观尽在台上
地头卖茶水的小摊
奶奶领着孙子来田间送饭
歇口气接着干

图四七：明 仇英 《清明上河图》（辛丑版）（局部）

从仇英的《清明上河图》前半段，我们可看到这样的画面：在一处临河空地上，散落着几方农田，农田一侧的戏台上正热热闹闹地上演戏剧，台下观者甚众，点评者也不乏其人。其间还有抱小孩者，有卖凉茶者。或是台上戏剧颇为有趣，引得田里耙地的农人也忍不住停下来叉腰观戏。戏台旁还有专为达官贵人设的观戏雅座，这熙攘热闹的场景似是在城中才能看到，但旁边散落的农田又让人感到此地是在郊区。这便是传统城市的一个秘密——城市之中常有空地，都市之中亦有乡村或者说“非都市化”的地块。仇英所绘的这几垄散落在城中的田地，便是文中讲的“非都市化”地块的真实写照。

市首先是政治和行政中心，行政区划决定了城市的层级和分布。比如北宋时期，东京开封为一国之首都，这是最高级别的城市；次一级是 18 个转运使司所在的州城，这是区域性的中心城市，对本路的其他州县具有辐射功能；再下一级是 333 个州城，这是本州的中心；最下一级是 1234 个县城，这是本县的中心。[1] 这种政治与行政而非经济主导的城市特质，决定了有的城市经济生活发达，有的城市经济生活沉寂。像黄州那样有东坡可供耕作的城市，直到近代仍然存在。沈从文的小说《山道中》描写了这样一个县城——此地距离贵州有五天

1 北宋宣和四年，共计 351 州，1234 县。见包伟民：《宋代城市研究》，中华书局 2014 年版，第 53 页。

的路程，“本县城内共计一百卅二户，大小人口三百四十四人，还将县长本身算在这一个数目里面。”县长连个办公室也没有，住在一间小客栈中，“每天到一个旧庙中审点案，判断一些小生意人的争持，晚上就回到小店中的住处来吃饭睡觉……作县长的五日一场才有新鲜猪肉吃”[1]。这一类的小县城，在传统时期曾经更广泛地存在。

传统城市的第二个秘密是关于城墙的。通常认为，传统时期的城一定有墙，不但有墙，墙外面还要有护城河——被墙圈起来的地块儿才叫“城”。但是，近年来的学术研究却在不断地提醒人们，我们关于城和墙关系的传统认识可能只是一种靠不住的刻板印象。研究指出，“两汉时期南方的不少郡县治所并无城郭，至孙吴时期才开始大量筑城”，而在“宋、元以及明代前中期长达五百余年的历史中，主要以毁城和不修城的政策为主，城市没有城墙或者城墙处于颓圮状态，可能是城市城墙的常态”。[2]不同朝代，同一朝代中的不同时期，以及同一时期中的不同地域，城与墙的关系也呈现出不同的状态。在战时和边境地区，墙是必须的。比如北宋的河北诸州，在澶渊之盟以前，主要靠城墙防御，辽兵打过来，人员物资退入城里，坚壁清野，可以起到很好的保护作用。又比如，“明初修筑了大量卫所城市以及与卫所同城的府州县城，永乐至天顺时期社会安定，筑城数量很少，成化以后内忧外患加剧，全国开始普遍筑城”。明代嘉靖时期的倭寇之乱则促使中央、地方与民间三方联合，共筑城防。边境需要城墙，内地则憎恨城墙。新政权削平群雄之后的头等大事，就是拆除新并入州的城墙，以防再度形成割据势力。比如北宋打下太原、兼并北汉之后，就曾下令拆除当地的城墙。而蒙古人“在进攻高丽的战争中，就已经有意识地采取毁城政策来防止当地人民的反抗”，元朝建立之后，

1 沈从文：《沈从文选集》第二卷，四川人民出版社 1983 年版，第 387 页。

2 成一农：《宋、元以及明代前中期城市城墙政策的演变及其原因》，见［日］中村圭尔、辛德勇主编：《中日古代城市研究》，中国社会科学出版社 2004 年版，第 179—180 页。

所采取的则是“毁城与长期禁止修城的政策”。在接纳了学者的最新研究成果之后，我们或者可以这样总结传统时期城与墙的关系：并非所有的城都有墙，当然，这一点并不妨碍我们继续保持对传统城市的经典印象。

传统城市的第三个秘密是关于坊市制的。唐长安是坊市制城市的典范，其特点首先是空间上的区隔有度，宫城和皇城（中央政府办公区）位于城市的北部中央，宫城南门的朱雀大街向南一直延伸到京城的明德门，将整个城市分为东西对称的两个区域。这两个区域被相对均匀地划分为一百零八个坊和两个市，东区有东市，西区有西市。其次是坊与市在功能上的严格分工：坊是居民区，仅供居住；市是商业区，所有的买卖交易活动都在市中进行。最后是整个城市在时间上的统一管理，坊和市都建有围墙，坊门与市门均按照统一的时间开合。《大唐令》规定，坊设坊正，“掌坊门管钥、督查奸非”。

通常认为，坊市制从北魏的平城和洛阳开始，以唐代的长安最为典型，坊市制的城市相对封闭，追求控制，具有中古时期的特征。而北宋开封的出现则标志着一种具有近代色彩的新型城市的出现。在开封，商业活动不再局限于特定的区域，就像现在一样，任何客流量足够产生利润的地方，都可以进行买卖，各种店铺临街而设，京城最宽、级别最高的御街两旁的御廊，原本也是允许“市人买卖于其间”的，直到徽宗时才禁止。御街一直向南，过了州桥，两边都有住家，住家与店铺杂错分布。街东的名店包括车家炭、张家酒店、王楼山洞梅花包子、李家香铺、曹婆婆肉饼、李四分茶。过了州桥往街西去有一条大街，名叫“曲院街”。曲院街南有遇仙正店，装修豪华，前有楼子后有台，开封人叫它“台上”，店里的酒美而贵，银瓶酒七十二文一角，羊羔酒八十一文一角；曲院街北有薛家分茶、羊饭、熟羊肉铺；从这里再往西去就到了“院街”，也就是“红灯区”。这一段“北宋东京旅游指南”，出自宋人孟元老的《东京梦华录》。这种城市布局所带来的逛街的感觉，是现代人非常熟悉的。

同样让现代人感到亲切的，还有早市、夜市、鬼市。“夜市直

图四八：北宋 张择端 《清明上河图》（局部）

从张择端《清明上河图》的左段，我们可以看到一座气势雄伟的城门。通常我们认为，传统时期的城一定有墙，不但有墙，墙外还要有护城河——被墙圈起来的地块儿才叫“城”。但近年来的学术研究表明，我们对城和墙关系的传统认识或是一种刻板印象：其实并非所有的城都有墙。我们看到的这座城门两侧，直接就是护城河，护城河上有一座桥，桥上各色行人穿梭往来，络绎不绝。顺便说其中一个有趣的画面：桥上有两人与一只毛驴正奋力拉着一辆满载的独轮车往外运送货物，车上的货物被一块写满书法的布盖着。据说，这是当时因为党争被抄家，从官员家中抄出的财物。而这块布，很可能是从一块屏风上揭下来的绢。同时，我们还可看到桥上有一高一矮俩乞丐，正在向临河观景的人行乞。此段画面生动地反映了汴京城充满人间烟火气的街角一景。

图四九：北宋 张择端 《清明上河图》（局部）

宋人孟元老在《东京梦华录》中有一段类似北宋东京旅游指南的文字：……街东的名店包括车家炭、张家酒店、王楼山洞梅花包子、李家香铺、曹婆婆肉饼、李四分茶；过了州桥往街西去有一条大街，名叫“曲院街”。……从这里再往西去就到了“院街”，也就是“红灯区”。这段生动的文字所描述的街景，在张择端的《清明上河图》中有着具象化的体现：街面上开设有各类店铺——酒楼、食店、香铺、茶铺、肉铺，以及红灯区的青楼等。店铺鳞次栉比，行人熙来攘往，逛街的人中各色人等都有——骑马出远门的、挑担随行的、牵马开道的，站着交谈的书生与和尚，负经笈而行的苦行僧，赶着驴车的车夫等，隔过画面仿佛能听到熙攘鼎沸、高低起伏的街市声。汴京城的布局所带来的这种逛街的感觉，是我们现代人再熟悉不过的了。

至三更尽，才五更又复开张，如要闹去处，通晓不绝。寻常四梢远静去处，夜市亦有燋酸豏、猪胰胡饼、和菜饼、獾儿野狐肉、果木翘羹、灌肠、香糖果子之类。冬月虽大风雪阴雨，亦有夜市。……至三更，方有提瓶卖茶者，盖都人公私荣干，夜深方归也。”[1] 北宋的开封与洛阳可以说是中国历史上首先有夜生活的城市。灯光已经成为酒楼正店招徕酒客的手段，白矾（樊）楼“三层相高，五楼相向，各有飞桥栏槛，明暗相通，珠帘绣额，灯烛晃耀”。任店“入其门，一直主廊约百余步，南北天井两廊皆小阁子，向晚灯烛荧煌，上下相照，浓妆妓女数百，聚于主廊檐面上，以待酒客呼唤，望之宛若神仙”[2]。洛阳的花市也是要到天黑以后，在莹煌的灯烛之下，才渐入佳境，“列肆千灯争闪烁，长廊万蕊斗鲜妍”[3]。多少年以后，在临安的熏熏暖风之中，宋人仍然在怀念甜酣的东京夜色，“忆得少年多乐事，夜深灯火上樊楼”[4]。

在通常的历史讲述中，从唐长安到北宋东京，是中国城市革命性的进步，唐长安以控制为第一导向，实行具有中古色彩的坊市制，北宋东京呈现出具有近代特征的商业大都市的面貌。近年以来，随着历史研究越来越深入，这种说法也遭到了挑战。学者发现，第一，北宋东京所在地的汴州，在唐代作为州一级的城市，可能本来就不曾存在过像首都长安那样严格的坊市制度，所以，就北宋东京自身的历史发展而言，不存在一个“坊墙倒塌”的过程——既无坊墙，何来倒塌？第二，唐代长安，在东市和西市以外的地方，也并非完全不存在商业活动，比如，邸店可能一直都有，再比如，唐代后期已经出现了推倒坊墙、临街开市的做法，尽管政策并不鼓励。但是，不管汴州在唐代的城市形态如何，也不管长安的其他区域是否存在零星的商业活动，唐长安与北宋东京这两座城市在空间布局、功能区分和时间管控方面的差别是真实存在的。因此，在象征的意义上，我们仍然可以继续讲述“坊墙倒塌”的故事。

---

1 ［宋］孟元老撰，邓之诚注：《东京梦华录注》卷三《马行街铺席》，中华书局 1982 年版，第 112 页。

2 ［宋］孟元老撰，邓之诚注：《东京梦华录》卷二《酒楼》，中华书局 1982 年版，第 16 页。

3 ［宋］文彦博著，申利校注：《文彦博集校注》卷七《游花市示之珍》，中华书局 2016 年版，第 394 页。

4 ［清］吴之振、吕留良、吴自牧选，［清］管庭芬、蒋光煦补：《宋诗钞初集》，中华书局 1986 年版，第 1538 页。

“东京梦华”的月亮背面

中西比较是我们认识历史的一种重要方式，通过比较，我们希望在他者的映照之下，把自己看得更加清楚。能够激发我们的民族自豪感或者奋起直追精神的，也是“比较”。比如说，谈中国古代城市发展的学者，常常会拿宋代东京与同一时期欧洲中世纪的城市相比较。按照最保守的估计，11—12 世纪，北宋东京的人口在一百二十万以上；而欧洲的中心城市巴黎在 13 世纪的时候，人口才刚刚达到二十四万；僻处一隅的伦敦 12 世纪的人口是三万，13 世纪达到了四万五千人。就城市面貌而言，欧洲城市更是无法与北宋东京相比。欧洲人记忆中的伦敦，“街道非常窄小，大部分都未铺上石板，整天都挤满了人、狗、马和猪。街道两旁排满房屋和店铺，大多数都是木结构的，在缝隙处填着稻草。火一直是个安全隐患”[1]，拥挤、肮脏，给人的感觉实在谈不上愉悦。而宋朝人记忆中的东京却富庶华丽得如同天堂。孟元老的《东京梦华录》不惜笔墨，用绮词丽句来赞美东京的繁华：“罗绮飘香。新声巧笑于柳陌花衢，按管调弦于茶坊酒肆。八荒争凑，万国咸通。集四海之珍奇，皆归市易；会寰区之异味，悉在庖厨。花光满路，何限春游；箫鼓喧空，几家夜宴。”空气里飘荡着美妙的音乐，街道上绿柳繁花，茶坊酒肆里，男男女女衣着体面，季节流转，风雅变幻，夜色阑珊，意兴不减。“凡酒店中，不问何人，止两人对坐饮酒，亦须用注碗一副，盘盏两副，果菜碟各五片，水菜碗三五只”，所有器具皆为银制，全部加起来“即银近百两矣”。近百两银子的家什，就这样随随便便摆出来招待普通客人，这是何等的富足与文明自信。宋太宗的女婿柴宗庆写过一句俗诗，“曾观大海难为水，除去梁园总是村”，梁园指的是开封，开封以外皆农村，这是

1 ［美］朱迪斯·M. 本内特、C. 沃伦·霍利斯特著，杨宁、李韵译：《欧洲中世纪史》第 10 版，上海社会科学院出版社 2007 年版，第 191 页。

柴驸马的自傲。相比开封，同时期的伦敦就气派而言，的确是个村儿。

以数字来看，就人口和物流规模而言，北宋东京的确是当时世界上最繁荣富足的城市。但是，一个城市怎么可能只有鲜花、音乐和美食？百万人口的城市，饮用水源的问题怎么解决？燃料从哪里来？生活垃圾、粪便和污水怎么处理？同样是木结构的房子，伦敦存在火灾隐患，规模更大的东京又怎么可能不着火？这些“月亮背面”的问题，在《东京梦华录》的记载中是不可能看见的。

《东京梦华录》是北宋人南渡之后，对故都旧日美好的追忆，它在本质上是一场甜酣旧梦，不太可能触及东京城市发展中所遭遇的问题。即便是谈到问题，它所采取的也是一种积极正面的叙述方式。比如关于火灾，《东京梦华录》的叙述重点是防火的制度：在每一个坊巷之中，隔三百来步就设有军巡铺屋一所，铺兵五人，夜间巡警——这是地面的火警和治安巡逻系统。在地势较高的地方，还有砖砌的望火楼，楼上有人守望，这是空中立体监测报警系统。望火楼下是潜火队的营房，潜火队规模达百余人，所配备的救火家什包括大小桶、洒子、麻搭、斧锯、梯子、火叉、大索、铁猫儿（铁钩）等等。潜火队由军人组成，每当有火灾发生，全由军人扑灭，“不劳百姓”。望火楼不仅都城有，其他大城市也有。南宋末年的诗人、乐师汪元量的组诗《湖州歌》记录了一群宫廷表演艺术家被元人掳往北方的悲惨经历，其中的第四十二首这样写道：“丞相催人急放舟，舟中儿女泪交流。淮南渐远波声小，犹见扬州望火楼。”扬州的望火楼是亡国奴眼中对江南的最后一瞥。这是后话。

以北宋东京为代表的这套包括地面巡逻、高台瞭望和消防扑救在内的救火制度，的确是非常先进的。那么，开封是否真的就由此避免或者减轻了火灾对城市生活的巨大伤害？宋真宗大中祥符八年（1015 年）四月，三鼓时分，也就是深夜十一点，大火从荣王元俨的府邸烧起，一直烧到“翌日亭午”，也就是次日中午十二点，宋朝的左藏库、皇帝直接支配的内藏库和国家图书馆都遭到了惨烈破坏，“祖宗所积……一朝殆尽”。研究表明，“宋代城市火灾之普遍，破坏之惨烈，对城市民生影响之大，则是前所未有的”[1]。烧毁民舍超过万家的火灾，据史料所见，唐代仅有两次，而南宋仅临安府在建都的一百五十余年间，就遭遇了七次；烧毁十万家的超大火灾，在宋朝也不是没有的。火灾如此频发，以至于寓居在临安邸舍之中的候选官员只得把官员身份的认证文件——诰命和敕书随身携带，生怕被一把火烧了，前程无着。宋朝火灾比前代多发且破坏惨烈的原因，大致有三点：第一，随着城市人口增加，建筑的密度更高了；第二，大部分城市平民的居所仍然是茅草房，防火性能差；第三，与唐宋城市形制的变化有关——夯土筑成的坊墙本来兼具防火墙功能，最起码可以把火灾控制在一坊之内；而宋代城市普遍没有坊墙，万一扑救不及时，就只能眼睁睁看着它蔓延。

火灾给城市生活所带来的痛苦，《东京梦华录》是不会记载的，而主要依靠这类书籍所建立的东京意象或者说宋代城市繁华意象，也像是那些著名旅游景点的“某某印象”演出一样，华丽喧腾，不落实地。按照常识推断，现代城市化所面临的许多问题，在宋朝肯定有不同程度的存在。随着历史研究的深入，“东京梦华”的月亮背面越来越多地展露在我们眼前。想要通过史料钩沉看到宋代城市发展的种种问题，可以读一读包伟民教授的《宋代城市研究》，它让我们对宋代城市的认识终于从“梦华”落到了地上。

城市化过程中，另一个无法绕开的问题是生活污水的处理。尽管考古学家从南宋临安太庙两侧挖出了砖砌的排水沟，但总体而言，宋朝的城市尚未建立覆盖整个城区的地下排水系统。城市生活污水的处理方式是直接排入河道，没有河道，则用渗井。开封新城和旧城的排水沟共计二百五十三条，污水直接排入黄河，为了防止居民倾倒灰土等生活垃圾填塞排水沟，1026 年，开封府开始派专人巡逻守护。这

1 参见包伟民：《试论宋代城市发展中的新问题》，载［韩］《中国史研究》第 40 辑，2006 年。

些排水沟，还要定期淘泥维护，以保障畅通。淘渠在每年春天进行，这给沿渠老百姓的生活带来了一时不便，梅尧臣就曾经写诗抱怨说：“开春沟，畎春泥。五步掘一堑，当途如坏堤。车无行辙马无蹊，遮截门户鸡犬迷。屈曲措足高复低，芒鞋苔滑雨凄凄。老翁夜行无子携，眼昏失脚非有挤。明日寻者尔瘦妻，手提幼女哭嘶嘶。金吾司街务欲齐，不管人死兽颠啼。”[1] 尽管如此，淘肯定还是比不淘好。

“盖今沟渠不通，致病之一源也。”生活污水淤积是导致瘟疫发生的重要原因，这是文天祥的老师欧阳守道总结出来的。欧阳守道是江西吉州人，他从吉州的教训中发现了地方长官作为、城市污水治理与本地瘟疫发生率之间的关系。欧阳守道清楚地记得，端平二三年间，福州人林长官治理吉州，最重视下水沟渠的问题，“疏通浚导之后，民无疫者数年”。后来，豫章（南昌）人李知州、于潜（浙江）人徐知州相继担任吉州知州，欧阳守道每年都提醒他们沟渠疏通的事情，这两位也做，但是不如林知州做得彻底，即便如此，“病者亦少”。自从徐知州之后，“郡政不复及此”，州政府不再疏通城市下水道，其危害有目共睹：“沟渠不通，处处秽恶，家家湿润，人之血气，触此则壅，气不行，病于是乎生。今通逵广路，犹无洁净之所，而偏街曲巷，使人掩鼻疾趋。如此，则安得不病？”[2] 欧阳守道对此感到痛心疾首，于是，当新到任的王知州请求他为本地发展献计献策的时候，欧阳守道就写了一封极长的信，我们也因此得知了吉州知州与下水道和瘟疫之间的关系。

读此长信，令人颇多感慨。第一，福州人林知州（三山林侯）、南昌人李知州（豫章李侯）、于潜人徐知州（于潜徐侯），以及后

1 ［宋］梅尧臣著，朱东润编年校注：《梅尧臣集编年校注》卷二三，上海古籍出版社 2006 年版，第 661 页。

2 欧阳守道：《与王吉州论郡政书》，见曾枣庄、刘琳主编：《全宋文》卷八〇〇二，上海辞书出版社、安徽教育出版社 2006 年版，第 346 册，第 349 页。

来在下水道问题上不作为的长官们，都已经离开了吉州，他们和吉州这块土地及土地上的人民相处的时间都很短暂，但是做得好不好，吉州人民自会记得。欧阳守道说，做地方长官，关键是要老百姓满意，这实在了不起。第二，各位长官在吉州是来做官的，他们关注的重点是让中央满意以便获得升迁；吉州百姓却要在这里把日子年复一年、代复一代地过下去。然而，吉州的城市生活在很大程度上是由这些长官决定的。第三，疏通全城的下水道，不是一两家土豪就能完成的，即便像欧阳守道这样有影响力的地方士人也无法凭一己之力完成；土豪能做的是逃往更干净的地方，吉州“十数年间城郭富家往往徙去”。第四，下水道所导致的城市卫生问题，汉代的郡太守是不会遇到的，当时的城市，人口规模、房屋密度都还不足以引发此类问题。吉州的各位长官遇到的，是城市发展中的新问题。宋代的中国城市的确获得了不同以往的新发展，当然，也出现了新问题。问题的存在，并不减损中国传统城市建设的成就；了解古代城市所面临的问题，只会帮助我们更好地认识今天城市发展与环境、居民和管理者之间的关系。

不知道欧阳守道有没有读过梅尧臣那首抱怨淘渠的诗，倘若读过，他一定会羡慕北宋的东京人，淘渠只得一时不便，不淘渠却是有可能要死人的。

《李娃传》里的城市生计

大部分人的历史知识是从通俗文艺开始的，通俗文艺的传统形式包括小说、戏曲、评书、相声等，其现代形式则包括电影、电视和网剧等。通俗文艺的核心目标是讲故事，以情动人，它要吸引、打动的人是当下的读者、听众与观众。因此，通俗文艺编故事的基本逻辑和常识背景是立足于当下社会的，历史只是一个幌子，通俗文艺不追求历史知识的真实可靠，只要不闹出关公战秦琼的笑话来就没问题。

正因如此，历史学者通常不会计较同时代通俗文艺作品中历史知识的真实性——有一分材料说一分话，以考据严谨、结论谨慎为特征的职业训练，会让历史学者显得拙嘴笨舌，唯恐说错，遇到一点儿疑问就要回到史料“上穷碧落下黄泉”地找依据。但未知的范围取决于已知的边界，这是历史学者从多年专业训练中得到的最大教益，所以，对同时代通俗文艺作品中的历史知识，历史学者通常该看戏看戏，图个热闹，不去较真儿。但是，历史时期的通俗文艺却是历史学的研究对象和资料，因为它构成了族群历史记忆的一部分，其中所传递的具体内容可能不真实，比如主人公和具体情节可以是虚构出来的，然而故事发生的常识背景、主人公面临的挑战与困境，却是真实存在过的，这是作者（不一定是故事主人公）生活的时代普遍性的真实。正是在这个意义上，在搞清楚作品产生的年代之后，历史学者可以放心使用通俗文艺作品作为还原历史真实的对象。

我很喜欢讲的一个故事，是唐代白行简的《李娃传》。白行简是白居易的弟弟。《李娃传》和白居易的好友元稹的《莺莺传》内容性质接近，都是科举路上士人与女性之间的爱恨情仇。只不过《莺莺传》中，张生对莺莺始乱终弃，莺莺的形象始终是被动的；而在《李娃传》中，妓女李娃的形象则是主动而大气的——她与郑生之间的关系，始于虚伪的钱色交易；床头金尽之后，李娃伙同鸨母用欺诈手段无情地抛弃了郑生；然而，就在郑生贫病交加流落街头的时候，李娃良心发现，生出真怜悯收留了郑生，并为他出钱买书，供他准备科考。当郑生高中，重归上流社会的时候，李娃又主动提出离开；而郑生却在父亲的支持之下，将李娃明媒正娶，二人共同分享了荣誉、地位和前程。这是一个皆大欢喜的故事，人性的善良战胜了良贱壁垒和门第观念。到了宋朝，随着中国进入科举时代，这种科举路上的姻缘故事变得更为流行，由此以至明清，一代代讲下去，不断有属于时代的新内容加入；但是后来的类似故事，却很少有如此圆满磊落的结局。每个人都激发出善良，善良成就善良，这样的故事，后来已鲜有人讲了。

我之所以喜欢《李娃传》，并非因为它善良圆满的结局，而是它所记述的唐后期长安城里形形色色的职业生计。郑生初到长安，住在布政坊的邸店中，迷上李娃之后，就搬到了平康坊李家，起初以租住名义入住，后来就合为一家。他因被李娃算计，从宣阳坊李娃“姨母”家仓皇回到平康坊，发现李家大门已经上锁，锁上还加了封泥。此时天色已晚，坊门紧闭，郑生无奈，只得脱下衣服来“质馔而食，赁榻而寝”。次日，郑生转去宣阳坊再寻“姨母”，已是人去宅空——原来那豪华的大宅子是骗子租来设局用的，租期甚至短到了只有一天。由此可见，在实行坊市制的长安城，房屋租赁和邸店服务业仍然是各坊都有的，而且租期相当灵活，长租、短租皆可。

这还不是最有意思的行当，《李娃传》中最有趣的行当是丧葬服务业——凶肆。走投无路之下，气得发疯的郑生回到了布政坊的邸店，这是他刚到京城的住处。住下之后，郑生怨恨难平，心病引发身病。邸店主人担心他一病不起，就把他搬到了凶肆之中。凶肆虽经营丧葬服务业，却也收留垂死之人，不知是何道理。不管怎么说，在凶肆从业者的安慰、照顾之下，郑生身体渐好，并且开始在凶肆打工。起初就是打打幡，赚点生活费。在这个过程中，郑生的一项特殊才能——唱哀歌得到了充分挖掘。起初，他是一边打幡一边听别人唱，因为胸中有块垒，直听得“呜咽流涕，不能自止”，回去之后就学着自己唱。要知道这郑生是何等聪明，又有文化，理解力强，久而久之他便“曲尽其妙，虽长安无有伦比”，高门大姓出身的落魄书生成了长安凶肆的头号哀歌手。

长安城实行的是坊市制，主要的商业经营活动都在东西两市举行，凶肆也有两支队伍，东肆和西肆。东西两凶肆之间的商业竞争非常激烈，竞争主要在两个领域发生：一个是送葬器具，比如车舆；另一个就是哀悼演出，特别是唱哀歌。东西两肆决定在天门街举行公开比赛，赌注高悬，一较高下，于是《李娃传》中最具戏剧色彩的一幕出现了。

唐帝国丧葬界最高水平的比赛如期举行，数万群众围观。比赛从早晨开始，首先是丧葬器具的展演，东肆一直力压西肆。到了中午，哀歌比赛正式开场。首先出场的是西肆，他们在舞台的南面搭建了数层高台，一位长须飘飘的歌者在众人的簇拥下“奋髯扬眉，扼腕顿颡而登，乃歌《白马》之词”。哀歌本来是西肆的专长。长髯歌者唱罢，顾盼左右，旁若无人，以为必胜。过了一会儿，东肆长亲自在舞台的北面铺设了长榻。一位清瘦少年，头裹黑巾，在五六个手举羽翣的同伴护卫下，缓缓登台，整顿衣裳，唱起了古老的挽歌《薤露》，声音清越，响振林木，一曲未终，听者皆已是唏嘘掩泣。高下已见，西肆长为众人嘲笑，羞愧难当，把赌金偷偷放下就溜走了。故事展现了长安城里丧葬业的存在与竞争，古人重视葬礼，也重视婚礼，既然有凶肆，想必也应当有喜肆。

这清瘦少年便是郑生。郑生在凶肆的哀歌比赛上出尽了风头，也暴露了他的行藏。到长安来述职的父亲由此发现了音信全无、生死未卜的儿子。被传统门第观念支配的父亲，完全没有幼子失而复得的喜悦，而是感到了莫大的羞耻。一流高门荥阳郑氏的子弟竟然沦为卑贱的凶肆歌者，“是可忍也，孰不可忍！”父亲把郑生带到僻静之处，处以私刑，鞭打至将死，弃之而去。郑生的命运自此跌落至谷底，直到被李娃收留，才重获新生。

一年以后，在李娃的精心照顾下，郑生恢复了健康，李娃又套上香车，郑生骑马随从，一起来到了“旗亭南偏门鬻坟典之肆，令生拣而市之，计费百金，尽载以归”。“旗亭，市楼也”，指市场中的望楼。“鬻坟典之肆”是卖书的地方，唐代后期，雕版印刷还没有用于印制儒家经典，这些书摊上贩卖的，还都是抄本，因此弥足珍贵。郑生买一次书，竟然要花费百金，可见价格之昂贵。

由上述可知，在《李娃传》中，我们看到了唐代长安的房屋租赁业、邸店业、丧葬业和抄本书籍售卖业的基本业态，当然，还有李娃最初所从事的行当——情色娱乐业。这些为城市生活而生的服务业，在宋代以后，随着城市的发展变得越来越丰富和繁荣。

比如，园艺在宋朝已经成为一个非常能赚钱的行当。宋人有赏花、簪花习俗，在开封、洛阳、扬州、杭州等大城市，花卉的种植、观赏和销售已经成为产业，“洛阳之俗，大抵好花。春时城中无贵贱皆插花，虽负担者亦然”。“扬之人与西洛不异，无贵贱皆喜戴花，故开明桥之间，方春之月，拂旦有花市焉。”[1]花开时节，私家花园也对游人开放。“花开时，士庶竞为游遨，往往于古寺废宅有池台处为市井，张幄帟，笙歌之声相闻……至花落乃罢。”司马光在洛阳的独乐园虽小，也常有游人，守园人“积游赏者所得”，盖了一间公共厕所。洛阳与开封之间，甚至有鲜花快递，一名衙役乘着驿马，“一日一夕至京师，所进不过姚黄、魏花三数朵，以菜叶实竹笼子藉覆之，使马上不动摇；以蜡封花蒂，乃数日不落”。当然，这样的鲜花快递仅限于知州巴结皇帝，跟普通人的美好生活关系不大，当时真正优秀的官员也是不屑于此类行为的。蔡京知扬州，模仿洛阳作“万花会”，热闹非凡；苏轼到任，正遇花时，看档案发现花会“用花十余万枝，吏缘为奸”，宣布取消，“人皆鼓舞欣悦”。[2]花要好，必须经过嫁接。所以，那些拥有超高嫁接手艺的接花人就成了达官贵人们争相延聘的对象，接一头花五千钱，秋天签合同嫁接，到春天花开付账。

再比如，就饮食业而言，北宋东京不仅店铺林立，而且层次齐全，可以满足不同经济状况的食客的需要。大的酒店、酒楼又称“正店”，正店七十二家，是开封饮食业的龙头。它们自酿美酒，自行零售兼批发，又卖下酒茶饭，酒器精美，美食、美酒、美器三美合一，更有妓女歌笑助兴，是“侍从文馆士大夫”燕集、游息的上佳去处。正店之下又有食店，供应饭菜，疗饥解饿，食店分为三大流派——分茶店、川饭店和南食店。食店之下，是专营某一种食品的小吃店，比如馄饨店；又有饼店，制作、出售各种蒸、烤面食。开封饮食业的最底层是摆摊、提篮售卖的各种小吃。诸宅舍宫院之前，“则有就门卖羊肉、头、肚、腰子、白肠、鹑、兔、鱼、虾、退毛鸡鸭、蛤蜊、螃蟹、杂燠、

1 汪圣铎：《宋代社会生活研究》，人民出版社2007年版，第335页。

2 参见［宋］张邦基撰，孔凡礼点校：《墨庄漫录》卷九，中华书局2002年版，第239页。

图五〇：北宋 张择端 《清明上河图》（局部）

在张择端《清明上河图》的孙羊正店门口，我们可以看到一副担子，里面究竟放的是什么呢？放大细看，原来是一副卖花的挑担，里面摆放着一束一束的鲜花。在汴京城郊，有很多花农种植花卉，等到了花季，他们就用担子将各色即将绽放的花卉挑到城里来卖。一位头盘芙蓉发髻、身着对襟长裙的少妇正在花担边挑选花，一旁的奶奶怀抱幼女，这个头上扎着小发髻的女孩儿仿佛正急不可耐地用手指着说：那朵好看，我要那朵。在她们身后，有一位脖子上架着个小男孩儿的身形魁梧的男子，此男子正是这两个小孩子的父亲。一家五口正在挑花的场景格外生动。园艺在宋朝已成为一个非常能赚钱的行当。宋人有赏花、簪花习俗，在开封、洛阳、扬州、杭州等都市，花卉的种植、观赏和销售已成为产业，画中便形象地反映出了汴京城花卉业兴旺发达的态势。

香药果子”的。

除了餐饮业，宋朝还出现了“宴会假赁”这个新行当。执业者又细分为“四司六局”，四司指帐设司、茶酒司、厨司、台盘司（白席人），帐设司管“椅桌陈设、器皿合盘、酒担动使之类”，茶酒司负责饮料供应，厨司管“吃食下酒”，白席人管“托盘，下请书，安排坐次。尊前执事，歌说劝酒”，“亦各有地分，承揽排备，自有则例，亦不敢过越取钱”，有着相当严格的行业规范。开封人享其便利，“欲就园馆亭榭、寺院游赏、命客之类，举意便办”，“主人只出钱而已，不用费力”。[1]

有如此发达的服务业，宋代的城市已经俨然是现代模样。

1　参见［宋］孟元老撰，伊永文笺注：《东京梦华录笺注》卷四《筵会假赁》，中华书局2007年版，第417—418页。

清 石涛 《对菊图》

行天下熙熙

人间烟火

道路的性格之“关”

“行”与人们的日常生活休戚相关。“行”的主体可以是人员，可以是物资，也可以是信息，比如一封信，一个消息。“行”的本质是在时间中实现空间距离的跨越，因此，速度是“行”的关键，它决定着“行”的实质效果和人们对“行”的心理感受。从北京到杭州近一千三百千米，高铁最快四个多小时到达，周末赶去西湖看看孤山的梅花，喝一杯茶，周一就可以赶回来上班；若按照唐宋时期官方规定的旅行速度，步行或骑马一天走五十里，需要五十二天才能到达。“从前慢”，是真的慢；“相见时难别亦难”，是真的难；“明日隔山岳，世事两茫茫”，是真的远隔。

影响速度的因素包括道路状况和交通技术的发展水平。工业革命以前，水路是最舒服的长途旅行方式和最便宜的大宗货物运输方式，中国地势西高东低，大江大河向东流，缺乏南北向的自然水道，开凿运河因而成为沟通南北、连接帝国政治中心和经济中心的重要手段。宋代，指南针应用于航海，为远洋航行创造了条件。陆路交通技术的进步主要体现在车和马方面，特别是马，公元前 4 世纪末，赵武灵王胡服骑射，从匈奴人那里学到了骑兵作战的技术，大大提高了军队的机动作战能力；4 到 5 世纪，马镫的推广使用标志着骑乘使用马具的完备，“在军事上，它使骑兵上下马迅速，人骑在马上不易坠地，控制战马也更自如，使复杂的战术动作和列阵的训练变得更容易。在日常生活中，使许多没有经过正规训练的人也能很方便地上下马和驾驭马，甚至妇女也能稳骑马上。骑马者的姿势也由以前的踞坐式改为挺身直腿”[1]。“虢国夫人承主恩，平明骑马入宫门”，虢国夫人的马上英姿，便得益于马镫的使用。

西周以来的贵族居家食肉，出门坐车，孔子虽然极爱颜回，却拒绝卖车给颜回操办葬礼，因为车是他下大夫地位的标志。西晋的美男子潘安出门，道两旁围观的女子们纷纷往他的车上扔水果，潘安就这样被一路欢呼着、满载果香回了家。北朝经隋唐至北宋，官员骑马上朝。唐宪宗时，藩镇派人来刺杀主张削藩的政治家，宰相武元衡被杀，御史大夫裴度连中三剑，从马上摔下来，保住了一条命，继续坚持强硬路线，最终迎来刘禹锡所赞美的中兴局面："忽惊元和十二载，重见天宝承平时。"[2]坐轿被王安石认为是非常“不道”的事情。王安石退休回金陵之后，出门骑驴，只一小童随侍，根本看不出来是做过宰相的人。他的老对头司马光晚年病重，得到太皇太后特许，可以乘轿子上下班，这是特例。坐轿成为官员出行的常态要到南宋以后，南方潮湿路滑是一方面的原因，还有一方面是越往南去，马也越不容易养了。大规模养马需要草场，也需要相应的人才，唐代前期会养马的官儿，多半是北方游牧民族出身。

《诗经·小雅·大东》有“周道如砥，其直如矢。君子所履，小人所视”，赞美周的道路平而直。其实那种土筑的路坚硬程度非常有限，而当时的车轮为木制，硬度较大。雨雪天里，不用太久车子就会在路中间形成两道辙印，如同凹陷的铁轨，轨制不同的车走在上面极易颠覆。秦始皇统一六国后发布“车同轨”的政令，为统一奠定了重

1　孙机、张正涛：《中国古代的交通工具》，见阴法鲁、许树安主编：《中国古代文化史》，北京大学出版社 1989 年版，第 365 页。

2　刘禹锡：《平蔡州三首》其二，见［唐］刘禹锡著，瞿蜕园笺证：《刘禹锡集笺证》，上海古籍出版社 1989 年版，第 765 页。

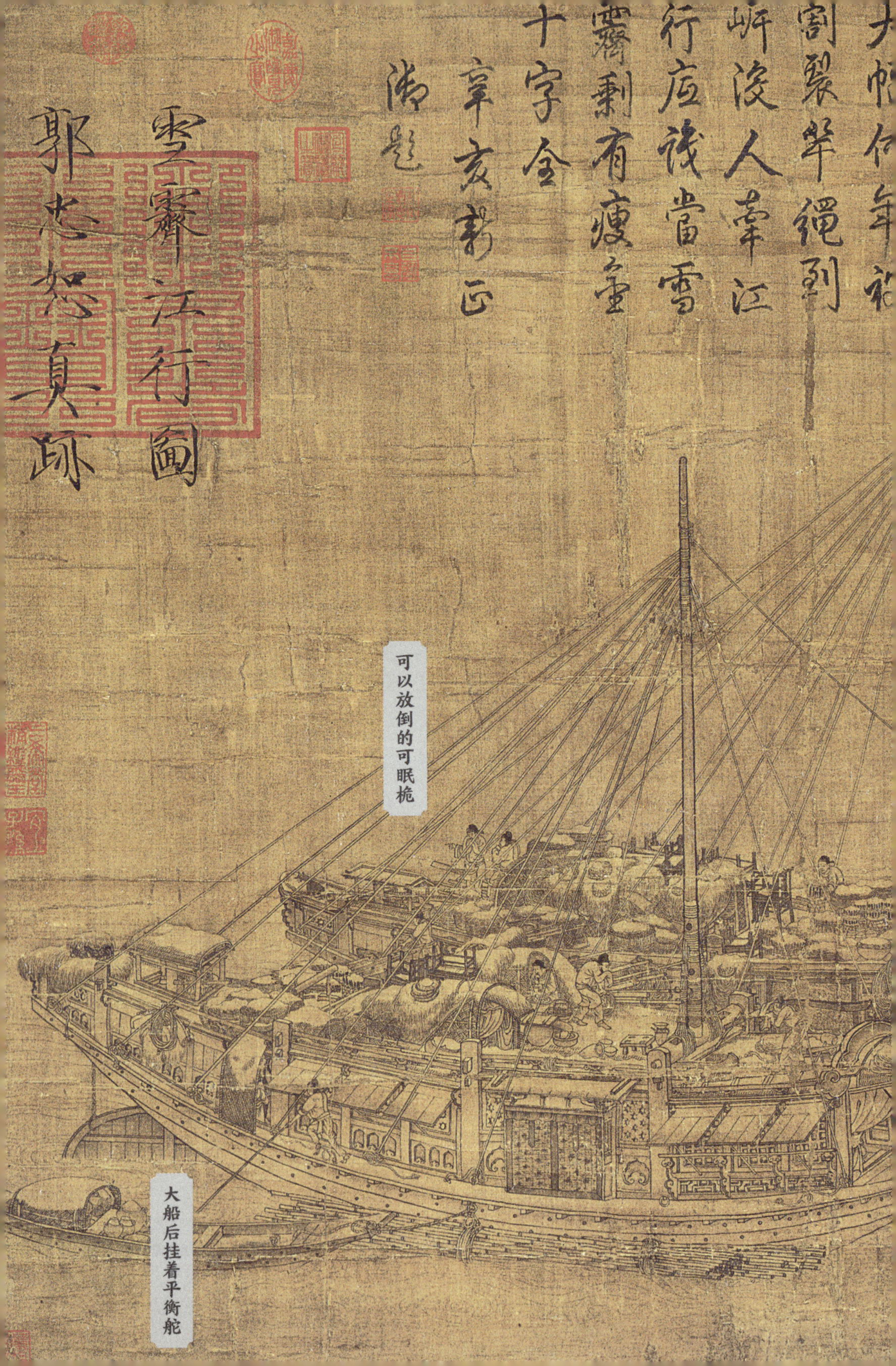
雪霽江行圖
郭忠恕真跡
可以放倒的可眠桅
大船后挂着平衡舵

图五一：五代 郭忠恕 《雪霁江行图》

《雪霁江行图》，五代郭忠恕绘。绢本墨笔，74.1 厘米 x69.2 厘米，现藏台北故宫博物院。这幅画所绘的是大雪初霁，船夫们辛勤忙碌的场景。作品以界画方式精妙入微地勾勒了两艘大型漕船的轮廓，船上的舱室、窗格、物资、甲板、樯桅、纤绳等绘制得纤毫毕现，甚至可以看到船身上的雕花纹路。高耸的桅杆在过桥时可放倒，过桥后再竖起来。劳作的船夫们，有的奋力撑篙，有的搬运物资，有的袖手而行。我们看到船一侧吊着一捆竹竿（用来减缓靠船时的冲击力，类似今日船帮捆轮胎的作用），系着一艘小船，船尾还挂着用来操控船舶航向的升降式平衡舵，无须改变航向时，升舵以减少阻力；若要改变航向或风浪大时，降舵至最低，以保持航向并减轻船体的晃动幅度。由此看出，画家体察生活细节时的用心与精湛入微的画技。在古代，水路是最舒服的长途旅行方式和最便宜的大宗货物运输方式，西高东低的地势决定了大江大河向东流，而开凿运河与发展漕运，成为沟通南北、连接帝国政治中心和经济中心的重要手段。通过此图，我们可对此情景有更清晰的了解。

要的物质基础。秦汉帝国的交通网络四通八达，将首都与各大经济区联系起来，后世又不断地丰富发展。

道路之上，存在着两种性质截然不同的交通制度——关与驿。关的目标是控制和管理，“所以限中外，隔华夷，设险作固，闲邪正暴者也”[1]，它代表着道路谨慎提防的一面，负责审查那些试图进入中原、靠近首都和中央的人，以保护“内核”的安全。

关往往设在一个相对独立的地理单元的出入门户上。唐代“凡关二十有六，而为上中下之差。京城四面关有驿道者为上关，余关有驿道及四面关无驿道者为中关，他皆为下关焉”。[2] 六个上关是京兆府蓝田关、华州潼关、同州蒲津关、岐州散关、陇州大震关、原州陇山关，这六个关所包围的，就是京城所在的关中地区。李白《蜀道难》诗云：“一夫当关，万夫莫开。所守或匪亲，化为狼与豺。”一语道破关的奥秘。秦末大乱，南海尉赵佗下令横浦、阳山、湟溪三关“绝道聚兵自守！”[3] 又发兵兼并了桂林、象郡，自立为王。三关“绝道”，切断中原乱兵南下的通道，是赵佗割据岭南的关键。汉武帝派贰师将军李广利征贰师城取善马，李广利西征受挫，只得撤回敦煌，向武帝报告说道路遥远，军粮不继，请求暂时停止行动，增兵再战。武帝“闻之大怒，使使遮玉门关”，下令，“军有敢入，斩之”。[4] 李广利无奈，只得滞留敦煌。一使者“遮玉门”便可阻挡千军万马，所凭借的当然是皇帝的权威，关的门禁作用也跃然纸上。

关的日常工作包括控制人员往来，查验违禁物品，以及缉拿罪犯。

1　[唐]李林甫等撰，陈仲夫点校：《唐六典》卷六《尚书刑部·司门郎中员外郎》，中华书局1992年版，第196页。

2　[唐]李林甫等撰，陈仲夫点校：《唐六典》卷六《尚书刑部·司门郎中员外郎》，中华书局1992年版，第196页。

3　[汉]司马迁：《史记》卷一一三《南越列传》，中华书局1982年版，第2967页。

4　[汉]班固撰，[唐]颜师古注：《汉书》卷六一《李广利传》，中华书局1962年版，第2699页。

图五二：明 唐寅 《关山行旅图》（局部）

《关山行旅图》，明代唐寅绘。纸本设色，129.2 厘米 x46.3 厘米，现藏北京故宫博物院。此图主体是一城郭的关门。画中晨雾弥漫，虬枝枯树交错散落道旁，山路从关门蜿蜒向远方，四围静寂。在这萧瑟荒凉的关门前，一位风尘仆仆的赶路者肩负行李，行色匆匆，正欲过关。古代关城多设在相对独立的地理单元的出入门户上，正如图中所呈现。唐代“凡关二十有六，而为上中下之差。……”六个上关是京兆府蓝田关、华州潼关、同州蒲津关、岐州散关、陇州大震关、原州陇山关，这六个关所包围的，就是京城所在的关中地区。从画中，我们对明代拱券式关门与古代关隘的门禁作用有了进一步认知。

唐代规定：“凡关，呵而不征，司货贿之出入，其犯禁者举其货，罚其人。”[1] 在汉代，严格控制出入关的物品包括马匹、金铜、弩机等，其中，对马的控制是最严格的。然而，走私在所难免。《后汉书·鲜卑传》载：“自匈奴遁逃，鲜卑强盛，据其故地，称兵十万……加以关塞不严，禁网多漏，精金良铁，皆为贼有；汉人逋逃，为之谋主，兵利马疾，过于匈奴。”走私的武器和偷渡的汉人，被认为是鲜卑武力和智力水平提振的重要原因。

大侠走到关门，迎面撞见捉拿自己的海捕公文。这样的状况是有可能实际发生的。汉代的金关发现了一则通缉令，原文如下：

> 诏所名捕平陵长藿里男子杜光，字长孙，故南阳杜衍□，多□，黑色、肥大、头少发，年可卌七八，□□□□五寸□□□杨伯初亡时，驾騩牡马，乘阑轝车，黄车茵，张白车篷，骑騩牡马。因坐役使流亡□户百廿三，擅置田监史，不法不道，丞相御史□执金吾家属所，二千石奉捕。[2]

这位违法犯禁的杜大侠，年纪已经不轻了，头发也掉得厉害。

需要过关的长途旅行，必须获得旅行证明。汉代平民常用的通关文书叫作“传”。《释名》这样解释传的含义：“传，转也。转移所在执以为信也，亦曰‘过所’，过所到关津以示之也。”过所一直沿用到唐朝。在唐代，旅行证分为以下几种：第一，过所，这是普通旅行者的旅行证，由户口所在地的州一级政府颁给，在外地旅居的，由旅居地州政府根据原籍所颁发的旅行证明给过所，“虽非所部，有来文者，所在给之”；第二，行牒，“出塞逾月者，给行牒”，出国旅行，所持的旅行证明叫作“行牒”；第三，长籍，“猎手所过，给长籍，

1 ［唐］李林甫等撰，陈仲夫点校：《唐六典》卷六《尚书刑部·司门郎中员外郎》，中华书局 1992 年版，第 196 页。

2 谢桂华、李均明、朱国炤：《居延汉简释文合校》，简号 183.13，文物出版社 1987 年版，第 294 页。

三月一易”，猎手长期在外，因此需要特殊旅行证“长籍”。以上是平民的旅行证明，由于公务原因而引发的旅行，则有特殊证明：“驿使验符券，传送据递牒，军防丁夫有总历。”“蕃客往来，阅其装重，入一关者，余关不讥。”[1]外国客商在入境关检查登记、缴纳税费，其余的关就不再重复收费，这是一个很合理的规定。没有证件私自过关者，属于违法偷渡行为，“若无公文，私从关门过，合徒一年；越度者，谓关不由门，津不由济而度者，徒一年半”[2]。唐僧玄奘法师当年西行求法，就是私渡出去的。他取经归来之后，在洛阳宫仪鸾殿受到唐太宗的亲切接见，二人有过这样一段对话：

> 既而坐讫，帝曰：“师去何不相报？”法师谢曰：“玄奘当去之时，已再三表奏，但诚愿微浅，不蒙允许。无任慕道之至，乃辄私行，专擅之罪，唯深惭惧。”帝曰：“师出家与俗殊隔，然能委命求法，惠利苍生，朕甚嘉焉，亦不烦为愧。但念彼山川阻远，方俗异心，怪师能达也。”[3]

古代没有照相技术，过所公文是怎样证明持证者即为本人？汉代的旅行公文上要标注持证者的个人身份、年龄、身体特征、居住地，以及随身所携重要物品的名称特征，过关之时，关吏不仅要对这些信息进行现场查验，而且还要抄录相关内容，以便旅行者返回时核对。比如，汉代肩水候官遗址出土的一枚简牍上面是这样写的：“书佐忠时年廿六，长七尺三寸，黑色，牛一车乘，第三百九十八，出。”[4]这是一则出关记录，编号三百九十八，出关人职业书佐，姓名忠时，年龄

1 ［宋］欧阳修、宋祁撰：《新唐书》卷四六《百官志一·尚书省·刑部》，中华书局1975年版，第1200—1201页。

2 刘俊文撰：《唐律疏议笺解》卷八《卫禁律》，中华书局1996年版，第640—641页。

3 ［唐］慧立、彦悰著，孙毓棠、谢方点校：《大慈恩寺三藏法师传》卷六，中华书局2000年版，第128页。

4 谢桂华、李均明、朱国炤：《居延汉简释文合校》，简号280.3，文物出版社1987年版，第470页。

图五三：元 佚名 《山溪水磨图》（局部）

《山溪水磨图》轴，元代佚名绘。绢本设色，界画。152.3 厘米 ×96.3 厘米，现藏辽宁省博物馆。陆路之关为“关”，水路之关为“津”。提及古代“津渡”，我们便想到《山溪水磨图》轴下半段车夫牵牛拉车涉水渡河的情景。我们看到，画中每辆车都由两头牛牵拉，为保证平稳渡河，几位光着膀子的车夫全力牵着往前冲的牛，前车已上岸远行，后面的才刚涉水。从他们奋力牵牛的姿态可看出行路之艰难。同时，我们也能看到以界画绘制的篷车，车辐清晰，木纹可辨，由此可见绘者精湛的绘画技艺。

二十六岁，身高七尺三寸，肤色黑，驾着一头牛拉车出关。唐朝人唐益谦从西州去往福州，“路由玉门、金城、大震、乌兰、潼、蒲津等关”，他向西州都督府申请过所的牒文，详细记明他带有二奴、二婢、八匹马、四头驴，对马匹的毛色、齿岁、牝牡等也都一一详细声明。[1]传统中国的文书行政发育之早、之成熟，真是令人感叹。

陆路之关为“关”，水路之关为“津”。关津之官，在唐代的官员职业管理中是一个单独的类别，关津官员的最高评价标准是“讥察有方，行旅无壅”，又能防范奸宄，稽查非违，又能保障商旅的畅通，这实在是一个很高的标准。

走向首都的人，行至关前必须停下来接受检查，那一刻，他仰望关城感到的是政权的威严。对那些将要出关的远行人来说，关则意味着强烈的愁绪。王维说：“劝君更尽一杯酒，西出阳关无故人。”韩愈左迁潮州，行至蓝关，以诗示侄孙韩湘，追思被贬之由，语气尚且豪迈，遥想前路烟瘴，则不免心生悲凉：“一封朝奏九重天，夕贬潮阳路八千。欲为圣明除弊事，肯将衰朽惜残年。云横秦岭家何在？雪拥蓝关马不前。知汝远来应有意，好收吾骨瘴江边。”

在道路上，除关之外还有一种制度设施，那便是驿。驿为行路人提供住宿、饮食、交通工具之便，为各级官府转运文书信息，代表着道路沟通、交流、开放的一面。

1　参见程喜霖：《唐代过所研究》，中华书局 2000 年版，第 224—225 页。

道路的性格之“驿”

驿站是古代传递公文的官员中途换马、休息之处，“站”这个词到元代才出现。通常认为，“站”是蒙古语jam（札木）的音译，它更原始的来源是突厥语“yam”。类似的语言文物还有“胡同”——蒙古语“水井”的音译。北京市海淀区的魏公村是元朝维吾尔族人到大都之后聚族而居的地方。

驿与关代表道路的两种品格，关代表着审查、排拒与隔绝，而驿则代表着服务、沟通与交流。驿主要提供两种服务：第一，它向过往官员、使节提供食宿、交通之便利；第二，它传递文书，主要是各级官府的上下行公文，从宋代开始也传递官员的家书，这就更像是现代的邮政系统了。在不同历史时期，驿有着不同的名称和制度。

《周礼·地官·遗人》说：“凡国野之道，十里有庐，庐有饮食；三十里有宿，宿有路室。”每十里设有迎宾之庐，供应饮食；每三十里则提供住宿。汉代负责接待过往官员、使节，提供食宿和交通工具的设施称为“传”。汉初，田横割据海岛，汉高祖召之，“田横乃与其客二人乘传诣洛阳。未至三十里，至尸乡厩置……遂自刭”。“秦世旧有厩置、乘传、副车、食厨。汉初承秦不改。”[1]“厩置，置马以传驿也”[2]，是有能力提供马匹脚力的驿站。

秦汉“十里一亭”，主要交通线上每隔十里设一个邮亭，有房舍，负责为官员旅行提供方便和传递信息。亭有“亭长”“亭侯”。刘邦起事之前就做过亭长，他肯定是不怎么着家的，这个工作符合他的性格。邮亭的密度与当地的经济文化发展水平成正比。湖南郴州一带，在汉代属于桂阳郡，桂阳境内的含洭、浈阳、曲江三个县地处偏远，距离郡治远的甚至近一千里，到东汉还没有邮亭设置。官员公务出差，

1 ［唐］房玄龄等著：《晋书》卷三〇《刑法志》，中华书局1974年版，第925页。

2 ［汉］司马迁：《史记》卷九四《田儋列传第三十四》，中华书局1982年版，第2648页。

必须临时征发老百姓和民船提供交通饮食服务，这叫作“传役”。“传役”临时征发，没有一定之规，不法官员趁机勒索，老百姓苦不堪言，甚而至于抛家舍业逃往深山。卫飒担任桂阳太守的时候，“乃凿山通道五百余里，列亭传，置邮驿”，开通官道，设置邮亭系统，建立官员出差接待制度，“于是役省劳息，奸吏杜绝”，“流民稍还，渐成聚邑，使输租赋，同之平民”。[1]

唐代三十里一驿，相比汉代十里一亭，密度反而变小了。而宋代的官路，“二十里置马铺，有歇马亭”，“六十里有驿，驿有饩给”。[2]宋驿比唐驿的分布更为稀疏。造成这种变化的原因可能有两个：一是因为马镫的应用让官员的旅行方式从坐车变成了骑马，旅行速度加快；二是汉代的亭兼有维护地方治安、招待所和公文速递三项功能，唐代的驿剩下了招待所和公文速递两项功能，而宋代的驿不再有公文速递功能，完全沦为仅供公差人员食宿和领取出差补给之所。

唐代的驿，“天下凡一千六百三十有九所”，“二百六十所水驿，一千二百九十七所陆驿，八十六所水陆相兼。若地势险阻，及须依水草，不必三十里”。官员旅行可以乘驿，这是做官的好处，王梵志诗说：“仕人作官职，人中第一好。行即食天厨，坐时请月料。”[3]“行即食天厨”指的就是官员出差乘驿的权利。但既然是出差，就不能随心所欲，一方面要遵循相应的制度规定，不同级别待遇不同，另一方面，旅行速度也是有要求的：“凡陆行之程，马日七十里，步及驴五十里，车三十里。水行之程，舟之重者，溯河日三十里，江四十里，余水四十五里；空舟溯河四十里，江五十里，余水六十里；沿流之舟则轻

---

1 ［南朝宋］范晔撰，［唐］李贤等注：《后汉书》卷七六《卫飒传》，中华书局1965年版，第2459页。

2 ［宋］高承：《事物纪原》卷七《驿》，上海古籍出版社影印“四部类书丛刊”1992年版，第184页上—185页下。

3 ［唐］王梵志著，项楚校注：《王梵志诗校注》，上海古籍出版社1991年版，第662页。

图五四：北宋 燕文贵（传） 《扬鞭催马送粮忙》（局部）

《扬鞭催马送粮忙》，传为北宋燕文贵所绘，纸本设色，水墨卷，953.8 厘米 ×51.4 厘米，现藏美国纽约大都会艺术博物馆。此画为巨幅长卷，描绘的是秋收后，农人运送官粮的情景。狭长蜿蜒的山道上，一行推着独轮车的农人，翻山涉水过桥，向坐落于山涧中的一处驿站走来。车上满载官粮，至驿站，农人皆停车歇脚，三两人围坐一桌，简单补充给养，而后继续上路。驿站虽为简陋的茅草屋，但为行脚人准备的饭菜、茶水等基本给养尚且充足。除驿馆外，周边还有房舍、长廊，以及远处的水磨。从驿馆后房舍开着的窗户望去，可看到一妇人正一边哺乳一边观看驿站的热闹场景，驿站城门右侧的一处栈道廊檐下，一位手持书卷的观书人正与身后的书童愣神地望着远道而来的运粮人。临水栈道上，有人抬担，有人观水，有人发呆……此水墨画卷，颇为细腻地再现了古代驿站生动逼真的场景。

这饭菜味道挺可口，有壶烧酒更好
边喂娃边看看热闹
这么多送粮食的人啊

重同制，河日一百五十里，江一百里，余水七十里。”[1] 这些规定唐之前就应该有，唐之后也继续存在。

在旅行速度不变的前提下，提高公文递送速度的办法只有一个——接力。汉武帝时，酷吏王温舒治河内郡，他九月到任，立即让人准备了五十匹骏马，“为驿自河内至长安”，建立了河内与长安之间的专属信息传递系统。然后，他就开始抓捕郡中的豪强，连坐者达一千多家。抓捕之后，他随即上书长安，请皇帝批示，“大者至族，小者乃死，家尽没入偿臧”。两三天之后，就得到了武帝的批准，“天子可其奏而论决之”，“至流血十余里”。汉代的河内郡治所在今河南武陟西南，从河内到长安，一千多里地，皇帝的批示竟然这么快就下来了。河内人“皆怪其奏，以为神速”。[2] 酷吏往往高效，能在短时间内达到“道不拾遗”的治理效果，只是不能长久。

同样高效的，还有理财之臣。唐代后期的刘晏是理财名臣，他担任度支盐铁转运租庸使时，为了及时了解各地物价，创立了“度支递”。“自诸道巡院距京师，重价募疾足，置递相望”，出大价钱雇

1 [唐]李林甫等撰，陈仲夫点校：《唐六典》卷三《尚书户部·度支郎中》，中华书局1992年版，第80页。

2 [汉]司马迁：《史记》卷一二二《王温舒传》，中华书局1982年版，第3148页。

图五五：明 仇英 《清明上河图》（辛丑版）（局部）

在明代仇英的《清明上河图》中段，我们可看到这样一个场景：在河中，有一艘颇为豪华的官船，从船舱打开的窗户望去，里面坐着一位身着红色朝服的官员，从船上阁楼前竖立的红色牌子上可看到“钦命大学士”的字样，据说此人即为大学士王鏊。他正端坐船舱中观书，船前有两艘敲锣吹唢呐的开道小船，虎头船船头的甲板上，有四人正撑篙划船，阁楼上还有两人也在吹唢呐，阁楼后的顶篷上有一把赏风景时坐的虎皮交椅，岸边还有六个纤夫在拉纤。古代官员旅行可乘驿，这是做官的好处，但旅行速度是有规定的，“水行之程，舟之重者，溯河日三十里，江四十里，余水四十五里；……沿流之舟则轻重同制，河日一百五十里，江一百里，余水七十里”。此规定唐之前既有，唐之后继续存在。王鏊出行便是一个真实写照。

用脚力好的人，分段设置递铺，接力快跑，将各地的信息迅速传递到首都。因此，他可以做到“四方物价之上下，虽极远，不四五日知，故食货之重轻，尽权在掌握”。[1] 谁在第一时间掌握了信息，谁就掌握了财富，掌握了开合敛散之权。政府如此重视物价，表明国家财政收入的来源已经在向商业领域倾斜，到宋代，商业税在国家财政收入的比重第一次超过了农业税。刘晏所创立的度支递后来成为唐代国家的专业文书传递系统。穆宗长庆二年（822 年）诏：“自今以后……除事关急切须遣专使外，其余诏书文牒，一切分付度支入递发遣。”[2] 宋代延续了这一新制度，驿负责人员接待，递负责文书传递。递铺分布比驿更为广泛，“以县为中心，向四面八方辐射”，“诸县不通驿路”的地方也有“递传之路”。[3]

说到“递”，很多人第一时间想到的应该就是宋高宗的“十二道金牌”。所谓“金牌”应该是指金字牌，朱漆金字，按规定日行五百里，这是最高级的速递，金字牌创立于王安石变法时期，沈括说它“以木牌朱漆黄金字，光明眩目，过如飞电，望之者无不避路，日行五百余里。有军前机速处分，则自御前发下，三省、枢密院莫得与也”[4]。下金字牌一等为“急脚递”，日行四百里，“唯军兴则用之”；再下是“马递”，日行三百里；最慢是“步递”，日行二百里。

有美国学者曾比较过各大帝国的邮传最快速度：北宋日行五百里，等于一百五十五点三四英里；印加帝国一百五十五英里；罗马帝国一百英里。中国跑第一。[5]

---

1 ［后晋］刘昫等撰：《旧唐书》卷一二三《刘晏传》，中华书局 1975 年版，第 3515 页。

2 ［宋］宋敏求编：《唐大诏令集》卷六五《大臣 · 录勋 · 叙用勋旧武臣德音》，中华书局 2008 年版，第 363 页。

3 ［宋］马光祖修，［宋］周应合纂：《景定建康志》卷一六《疆域志二 · 铺驿》，中华书局影印嘉庆六年金陵孙忠愍祠刻本，1990 年版，第 1536 页下。

4 ［宋］沈括：《梦溪笔谈》卷一一，中华书局 2015 年版，第 113 页。

5 Peter J. Golas. “The courier-transport system of the Northern Sung,” Harvard University, *Paper on China* 20 (1966): 1-22.

但实际上的邮递速度恐怕要慢得多。宋孝宗时发布大赦，用金字牌，自临安“至襄阳府三千一百里，合行六日二时，稽十日方至；荆南二千六百四十里，合行五日三时，稽九日方至”[1]。快递为什么会变成慢递？跟今天双十一期间物流速度减缓的道理是一样的，“率与常递混淆，故行移稽缓”。还有一个原因，就是递马是劣等马。宋朝的马分为十五等，大致前十三等充战马，递铺所用的属于最末二等，“低弱不被甲”的马。

宋代以前，私人书信是不能走官府邮递路线的。东汉袁安在县里当功曹，有公务拜访州的从事。从事就请袁安带封信给县令。袁安拒绝说：“公事自有邮驿，私请则非功曹所持。”[2]袁安公私分明，从事只好作罢。如果没有其他隐情的话，这实在是很不通情理的做法。

允许家书附递，是宋朝开始的事情。宋仁宗景祐三年（1036 年）五月下诏：“中外臣僚许以家书附递，明告中外。”这是一项非常体贴的德政。官员宦游，远离故乡亲人，若不是达官贵人，谁有能力派专人传书？“此制一颁，则小官下位受赐者多。”[3]当然，官员的家信也加重了邮递系统的负担，拉低了邮递速度。南宋中期创立“摆铺”，专营成都与临安之间的信息传递，“率一月而达”。“自后私书丛委，每递至百数，由是往来稍逾期，自成都而东，犹不过月，自行在而西，或三十五六日云。”[4]

靠人力、畜力，哪怕是接力快跑，速度也是有限的。所以，古人对距离所造成的隔离感要比今人敏感得多，陆游在四川幕府遥想绍兴老家，作《渔家傲·寄仲高》，词云：“东望山阴何处是？往来一万三千里。写得家书空满纸。流清泪，书回已是明年事。寄语红桥

---

1 ［清］徐松辑：《宋会要辑稿·方域》一一之二〇，宋孝宗乾道四年，兵部侍郎王炎上言，中华书局影印本 1957 年版，第 7510 页上。

2 ［汉］班固：《后汉书》卷四五《袁安传》，中华书局 1965 年版，第 1517 页。

3 ［宋］王林撰，诚刚点校：《燕翼诒谋录》卷五《入递发书》，中华书局 1981 年版，第 53 页。

4 ［宋］李心传撰，徐规点校：《建炎以来朝野杂记》乙集卷九《时事二·金字牌》，中华书局 2000 年版，第 651 页。

桥下水，扁舟何日寻兄弟？行遍天涯真老矣。愁无寐，鬓丝几缕茶烟里。”“写得家书空满纸。流清泪，书回已是明年事。”跟今日的即时沟通相比，古时的情况令人何其沮丧；然而，那种因空间暌隔、时间迟滞带来的强烈思念，今天的人恐怕也很难体会了。

路上匆匆行者谁？

让我们把目光从道路、关卡、驿站转向行人。我们的历史教育特别强调中国人的安土重迁。传统中国是农业文明，“农业和游牧或工业不同，它是直接取资于土地的。游牧的人可以逐水草而居，飘忽无定；做工业的人可以择地而居，迁移无碍；而种地的人却搬不动地，长在土里的庄稼行动不得，侍候庄稼的老农也因之像是半身插入了土里……”“以农为生的人，世代定居是常态，迁移是变态。”[1] 这是费孝通先生在《乡土中国》中对传统中国社会特征的总结。《乡土中国》初版于 1947 年，是一个受过现代教育的社会学家对正在从传统走向现代的中国社会进行的学术性观察。经历了漫长而曲折的现代化过程之后，1947 年的“乡土中国”早已不复存在。费孝通说乡土中国“常态的生活是终老是乡”，这个总结，适用于大多数普通农民，的确，他们像庄稼一样长在地里，除非万不得已，否则绝不会离开家乡。现代历史学的研究还告诉我们，农业的推广是政策选择的结果——商鞅变法最重要的措施之一就是推广农业，因为农业既能提供稳定的粮食供应，又能把劳动力固定在土地上。

即便如此，华夏大地的道路上仍然是人流不息、物流不息。倘若我们以延时摄影的方式，把摄像机架在古道旁，拍摄一千年、两千年，然后再把这一两千年的影像浓缩到一两个小时里去放映，我们看到的应该

1 费孝通：《乡土中国》，上海人民出版社 2006 年版，第 6 页。

是一条有时稠密、有时稀疏，却从未断绝的人流。那么，那些在路上匆匆前行的人究竟是谁？《诗经·召南》有一首《小星》，这样写道：

> 嘒彼小星，三五在东。肃肃宵征，夙夜在公。寔命不同。
>
> 嘒彼小星，维参与昴。肃肃宵征，抱衾与裯。寔命不犹。

大意是这样的："小小星儿泛微光，三三五五在东方。匆匆忙忙连夜行，早早晚晚为公忙。命运与人不一样。小小星儿泛微光，参星昴星在东方。匆匆忙忙连夜行，抱着被子与床帐。命运与人不一样。"[1]

《小星》里"肃肃宵征，夙夜在公""肃肃宵征，抱衾与裯"的主人公，应当就是当时国家的低级官员。宋代的洪迈说："此诗本是咏使者远适，夙夜征行，不敢慢君命之意。"[2]"君命"固然"不敢慢"，用"寔命不同"来做结，到底还是有抱怨的。奔波在路上似乎是这位官员生活的常态。他甚至还得自带行李，"抱衾与裯"。而这包床上用品的存在，却造成过极大的误解。汉代的毛公把这首《小星》解释成妻子不妒忌，"贱妾进御于君"，贱妾得以抱着被窝去侍奉主君；唐代的孔颖达则更进一步，赞美妻妾双方都懂事"尽心"，以至于长期以来，人们甚至把"小星"作为"妾"的别称。可怜的召南小官只是发了发牢骚，竟然被误解成贱妾，也可以说是一桩千古奇冤了。

传统时期的官员在衙门的工作量，绝对没有现代这么大，但是，部分官员出差的频率和在外奔波的绝对时间却也不低。江苏连云港出土的尹湾汉简《元延二年日记》是东海郡功曹师饶的工作日记，根据这份日记可以发现，在一年的三百五十四天中，师饶坐曹理事的时间不过八十七天，除去休假外，大部分时间都处于出行状态，这或许反

1 译文综合了王延海的《诗经今注今译》（河北人民出版社 2000 年版，第 45—46 页）和袁愈荌的《诗经今译》（贵州人民出版社 2000 年版，第 28—29 页）。

2 [宋]洪迈撰，孔凡礼点校：《容斋随笔》三笔卷十《小星》，中华书局 2005 年版，第 548 页。

映了部分郡县属吏的日常工作情况。[1]《元延二年日记》与传世史料中的记载是可以互相印证的。《后汉书·应奉传》载，应奉为郡决曹史，“行部四十二县，录囚徒数百千人。及还，太守备问之”。这种为了履行职责在辖区范围内进行的公务旅行，是后世负有监察督导责任的地方官员的工作常态，比如汉代的刺史，唐代的观察使，宋代的转运使、提点刑狱使，等等。中央定期或不定期派出的各种巡视组，也是通过这种方式履职的，比如唐代的监察御史和明代的巡按御史。

隋代实行官吏分途，官员的任免权力全数收归中央，选任集权加强。从理论上讲，此后直至帝制终结，所有官员都必须到首都来通过一定的考试获取任官资格，然后从首都的选任部门获得职位任命，再奔赴全国各地履职，任满之后，又须回到首都通过任职资历的认证，获取新的任命。由此，诸位可以想象隋以后帝制时期官员生活的常态：从取得官员资格起到退休止，他们一直都在帝国范围之内奔波往返，通常是在一个地方工作三或四年，然后便得回到首都，再从首都奔向下一个岗位。这就是宦游。

科举时代还催生了另外一种旅行——赶考，从隋唐到北宋前期，都是一年一考，北宋中期以后改成每三年一考。考试分级进行，先在本地考，取得资格之后再到首都去考，路途虽然遥远，举人心中却充满了希望，“一举首登龙虎榜，十年身到凤凰池”[2]，这样的黄粱美梦，在去程之中不知多少人做过。然而终究还是名落孙山的多，归途之中是怎样地黯然神伤，又是如何去克服沮丧，很少有人会提到。我们看到的旅行，往往是金榜题名者的记录。1099 年冬，二十三岁的衢州解元卢襄第一次

1 参见宋杰：《〈元延二年日记〉所反映的汉代郡吏生活》，载《社会科学战线》2003 年第 3 期，第 108—113 页。蔡万进：《尹湾汉简〈元延二年日记〉所反映的汉代吏休制度》，载《中国史研究》2003 年第 2 期，第 71—77 页。王俊梅：《秦汉郡县属吏研究》，中国人民大学博士论文，2008 年。

2 ［宋］沈括撰，金良年点校：《梦溪笔谈·笔谈》卷二三《讥谑》，中华书局 2015 年版，第 223 页。

图五六：南宋 陈清波 《湖山春晓图》

《湖山春晓图》，南宋陈清波绘，绢本团扇，水墨淡设色，26.7 厘米 ×25 厘米，现藏北京故宫博物院。这是一幅淡雅的西湖小景图，所绘为西湖早春时节的景象。全图中心部分为一处绿树掩映下的廊檐翻飞的层楼，楼后有阡陌水田纵横交错，远山接天，近水横卧，意境清雅幽远。而在最下面的长堤上，散落着瘦松数株，赶路人三两位，其中一骑马者，一抱琴者，一挑担者，他们一边赶路，一边似在品评身后的无限风光。此画面像极了进京赶考者在路上追昔抚今、赋诗抒怀的情形，侧面展现了普通举人的旅行状态。

踏上了前往开封赶考的路，他抵达开封的时候，宋哲宗刚刚驾崩。但是科举考试照常举行，只是取消了皇帝亲自主持的殿试环节。所以，国丧并未影响这位年轻人的心情。二月初一日，在某个客栈之中，即将下场的卢襄完成了自己的旅行日记，题为《西征记》。第二天，宋徽宗开始“听政”。三月二十三日，科举放榜，一共录取五百六十一人，卢襄也应该在其中。在北宋历史上最黑暗的靖康年间，他正在江宁知府的任上。从文学角度看，卢襄的赶考游记水平并不高，但正因如此，才显得非常典型，体现了普通举人的旅行状态。他走得很悠闲，每到一地的主要事宜就是探访古迹，追昔抚今，赋诗抒怀，歌颂本朝。比如他看到运河，

图五七：清 石涛 《山水册》十二开之九（局部）

《山水册》，清代石涛绘。纸本，共十二开，现藏上海美术家协会。石涛善画花果，兼工人物与山水，用笔洒脱淋漓，笔意淡雅幽远，从这幅行舟图即有所体现。画中一叶扁舟溯流而上，船篷内坐一人，似在低头观书，船首尾各有一撑篙者，正奋力划船。两岸山石势如斧劈，上有几株倔强的虬枝从石壁间扎出。笔势雄宏不乏恬淡，苍劲不乏细腻。舟中埋首者恰似一进京赶考的士子，颇有“两岸猿声啼不住，轻舟已过万重山”之意境。

就联想到隋炀帝："遂念隋大业间炀帝所以浚辟，使达于扬州者，不过事游幸尔。今则东南岁漕上给于京师者，数千百艘，舳舻相衔，朝暮不绝。盖有害于一时而利于千百载之下者，天以隋为吾宋王业之资也。"[1] 隋和宋之间还隔着唐五代，这一点卢举人是不加理会的。

卢襄对运河本身的评价是积极正面的，对开凿运河的隋炀帝的评价则是负面的，他批评隋炀帝疏通运河的目的是满足个人私欲。这个评价非常典型，今天的民间记忆仍然认为隋炀帝到扬州主要是为了看琼花。总体来说，华夏文化对皇帝的出行持负面态度，比如对喜欢出游的秦始皇、隋炀帝的评价都相当负面。正德十四年（1519年）正月，明武宗"手敕礼部，总督军务、威武大将军、太师、镇国公朱寿，令往南北两直隶、山东泰安州等处，尊奉圣像，供献香帛，祈福安民"。[2] 这个"总督军务、威武大将军、太师、镇国公朱寿"其实就是他本人。为了能出游，正德皇帝制订了豪华的旅行计划，想要从北京出发到山东泰山，然后经徐州、扬州到南京，再由南京下苏州、杭州，而后溯江而上到湖广各地，登武当山，遍观中原。这个旅行计划遭到了文武大臣的强烈反对。批评者拿来吓唬皇帝的历史教训，就包括隋炀帝："故八骏游而周替，骊山幸而秦亡。夏之太康，隋之炀帝皆以弃离宫阙，远事巡行，卒致祸败。兴亡之迹，可为殷鉴。"隋炀帝的确是在扬州被叛军杀死的。快意事做不得，这让武宗很恼火。明朝的皇帝发起脾气来是要打人的，为了南巡，武宗一共廷杖大臣一百四十六人，死者十一人，然而他也不得不暂时放弃了南巡计划。最终，武宗还是如愿以偿了。就在这一年的六月，宁王朱宸濠在南昌发动了叛乱。文武双全的大儒王守仁很快就控制了局面。这么好的借口，武宗哪肯放过——他压下了王守仁胜利的消息，亲自南下。结果在回程中不幸落水，疾病缠身，直至驾崩。

---

1 ［宋］卢襄：《西征记》，见曾枣庄、刘琳主编：《全宋文》卷三二〇三，上海辞书出版社、安徽教育出版社2006年版，第148册，第367—368页。

2 ［明］王世贞撰，魏连科点校：《弇山堂别集》卷六六《巡幸考》，中华书局1985年版，第1239页。

这为皇帝出巡增加了一个反例。

儒家政治文化反对皇帝出巡的理由主要是费钱、折腾。封禅被认为是“天下太平功成”的标志。宋真宗是最后一个封禅的皇帝。真宗治下，宋辽签订澶渊之盟，华夏正宗与北方夷狄称兄道弟，平起平坐，到底意难平。于是便大搞封禅，想要在文化建设上宣示正统与高明。开工之前，真宗先用一壶珍珠贿赂了宰相王旦；封禅完毕，刹不住车，又去祭祀后土，认神仙祖宗，大搞神圣崇拜运动，把两朝积累的国库都掏空了。王旦因未能阻拦皇帝的折腾而愧疚追悔，临终遗嘱，要“削发披缁以殓”。（苏辙《龙川别志》卷上）儒家反对皇帝出巡，还有一个物质条件，那便是传统中国很早就发展出发达的赋税收集、转运能力，因此，皇帝端坐首都就可以安享天下供养。相比之下，欧洲中世纪的君主，则不得不花费时间在各个领地上巡行，目的就是要接近物资的供给地。当然，随着古代经济重心的南移，隋唐以后的皇帝也出现过从长安到洛阳“就食”的现象，“就食”即去吃饭，政治中心庞大的附属人群到物资转运更方便的洛阳去吃饭。而到宋代，则干脆把首都安到了运河上的城市——开封。

其实，皇帝的出巡绝不只是为了满足个人私欲。秦始皇的五次出

图五八：清 徐扬 《乾隆南巡图》之阅示黄淮河工卷

《乾隆南巡图》，清代徐扬绘。有绢本与纸本设色两种，全套均为 12 卷，总长 154.17 米，绢本已佚。《乾隆南巡图》是中国历史上规模最宏大的一组长卷画，上图所展现的《阅示黄淮河工卷》，68.6 厘米 ×11.6 厘米。通常我们认为皇帝出巡皆为游山玩水，实则不然。皇帝出巡绝不只为满足个人私欲。秦始皇的五次出巡，隋炀帝、康熙和乾隆的下江南，都蕴含着强烈的政治目的：对新征服的土地宣示主权，宣扬本朝统治的合法性，笼络人心，压服潜在反对者等。乾隆十六年（1751 年）的这次南巡，即为仿康熙南巡旧例，从北京起驾，自绍兴回銮，历时 112 天，作诗 500 多首，后从中选 12 首，命画家徐扬分卷描绘。从画中，我们可以清晰地看到沿途经济文化、风物人情、社会生活等景象。巡游队伍声势浩荡，壮观雄宏。

巡，隋炀帝、康熙和乾隆的下江南，其实都蕴含着强烈的政治目的，要对新征服的土地宣示主权，宣扬本朝统治的合法性，笼络人心，压服潜在的反对者等。由少数民族建立的王朝，皇帝出巡还带有本民族的色彩。比如辽的“四时捺钵”，金的“春山秋水”，元朝皇帝的上都之行，以及清朝皇帝的“木兰秋狝”。

今有人说，旅行就是花钱买罪受，古有诗云："出门不如在家好。"[1]在路上的人，无论皇帝、官员还是小民，倘若主动上路，多半还是心中有所追求的。司马迁说"天下熙熙，皆为利来；天下攘攘，皆为利往"，利国利民、利他利己，都是利。正当的利益追求符合人性，是社会发展的推动力量。

一个士兵的旅程

宋朝人郭茂倩辑录的《乐府诗集》中有一首古诗，写的是汉代一个普通士兵的遭遇，他"十五从军征，八十始得归"。"古者十五受兵，六十还之"[2]，西汉前期，十五成丁，开始为国家服役。服役的期限，按规定是所有男丁每人每年三天，实际执行中，有人役期一年，当役而不服者"出钱三百，以给戍者"。[3]随着汉朝对西域的开拓，越来越多的士兵带着家属长期在西北屯田，变成了一种大规模的移民行为。学者根据汉代留下的简牍分析发现，戍边军人来自全国各地，家庭规模一般在五口左右。比如说，居延（靠近内蒙古自治区额济纳旗）所出的西汉永光四年（前40年）"橐佗延寿燧长"孙时所持的"符"（旅行证）表明：孙时是橐佗延寿（烽）燧的燧长，他的妻子孙第卿二十一岁，籍贯在昭武乡万岁里；他们有一个女儿名叫王女，刚刚三岁；跟他们一起居住的还有孙时的妹妹，名叫耳，九岁。这些汉王朝的拓边者会用故乡

1 ［元］胡奎：《听雨轩为夏节兄弟作》，见杨镰主编：《全元诗》，中华书局2013年版，第48册，第254页。

2 ［东汉］班昭：《为兄超求代疏》，见《后汉书》卷四七《班超传》，中华书局1965年版，第1585页。

3 ［南朝宋］裴骃集解引《汉书音义》，见［汉］司马迁：《史记》卷一〇六《吴王濞列传》，中华书局1982年版，第2824页。

的名字来命名新家园，这是古今中外所有开拓者的共同做法。老兵“十五从军征，八十始得归”，他的戍边之地不知道在哪里，但是，当生命即将抵达终点的时候，他选择叶落归根。

“少小离家老大归，乡音无改鬓毛衰。儿童相见不相识，笑问客从何处来。”贺知章笔下的故乡，人丁兴旺，温暖热闹，游子虽老，仍然是有家可归的。而“十五从军征”的老兵却遭遇了无家可归的寂寞凄冷。老兵在熟悉的乡路上遇到了同乡，赶忙打听家里的情况，在乡里人的指点下，老兵的少年记忆与眼前现实出现了残忍对接：“遥看是君家，松柏冢累累。兔从狗窦入，雉从梁上飞。中庭生旅谷，井上生旅葵。”家园已经彻底荒芜，野谷、野葵丛生。老兵用颤抖的手拿出了简单的行军炊具，“舂谷持作饭，采葵持作羹”。

回归故土，与亲人分享生命的最后时光，是支撑老兵跨越漫漫旅程的唯一动力，他以为回到故乡，孤独便能结束，却没想到漫漫旅程之后，他得到的却是终极孤独，“羹饭一时熟，不知贻阿谁？出门东向看，泪落沾我衣”。

“十五从军征，八十始得归”，肯定有文学夸张的成分。然而，其中描述的戍边老兵的骨肉分离之痛，个人和家庭为国家民族所做的牺牲，却是真实存在的。郭茂倩把这首诗收在“鼓角横吹曲”类中，“马上奏之，盖军中之乐也”[1]。“军中之乐”不回避个体的牺牲与痛楚，诚为难能可贵，有仁者之心。唐诗中有一句“可怜无定河边骨，犹是春闺梦里人”[2]，是属于不能细想的，细想便有无限凄凉意。短短十四个字，就像电影蒙太奇手法所呈现的一样，首先映入眼帘的，是无定河边乍暖还寒中无名战士的枯骨；镜头一转，却是故乡春闺年轻妻子梦中甜蜜的娇嗔，妻子对丈夫战死的事实一无所知，仍然在期待重逢，梦想属于他们的未来。

古人从军，除了出于臣民责任的服役以外，还有一种是主动的从军

1 ［宋］郭茂倩编：《乐府诗集》卷二一《横吹曲辞一》，中华书局1979年版，第309页。

2 ［清］彭定求等编：《全唐诗》卷七四六《陇西行四首》之二，中华书局1960年版，第8492页。

图五九：明 唐寅 《蕉叶睡女图》（局部）

《蕉叶睡女图》，明代唐寅绘。手卷，纸本墨笔，61.0 厘米 ×20.3 厘米，现藏美国大都会艺术博物馆。在古代，男性到一定年龄段皆要服兵役，杜甫《兵车行》中有："爷娘妻子走相送，尘埃不见咸阳桥。"陈陶的《陇西行》中也有："可怜无定河边骨，犹是春闺梦里人。"这反映的情景皆与服兵役有关。我们或可用明代唐寅的《蕉叶睡女图》，来借指陈陶的这句诗所表达的情景：无定河边，乍暖还寒，风中散落着无名战士的枯骨；而在故乡，却是年轻妻子梦中甜蜜的娇嗔。熟睡在蕉叶上的妻子，面容恬淡安静，似还略带着点儿淡淡的笑容，而她对丈夫战死的事实一无所知，仍在梦中期待重逢，梦想属于他们的未来。由此反差，便可清晰地突显出古代经年累月服兵役的残酷。

报国觅封侯，这是比读书应举出现得更早的传统前程。唐代遇有大规模战事，除征发府兵之外，还会招募普通老百姓从军。唐初老百姓对从军的反应是非常积极的，“人人投募，争欲征行；乃有不用官物，请自办衣粮，投名义征”。[1] 老百姓的积极性从哪里来？对唐帝国的忠诚和身为唐人的自豪感肯定是有的，但更重要的是，从军立功提供了一条出人头地的光明大道。军人立功可以获得勋官，就是《木兰辞》里说的“策勋十二转，赏赐百千强”。有了勋官就可以获得占田的特权，从三十顷到六十亩不等，而一个普通男子的永业田限额是二十亩。当然，并非你有了勋官，政府就分配这么多土地给你，而是有了勋官之后，你就可以合法地拥有相应等级的土地了。勋官还有法律上的刑罚减等优待：勋官二品以下、五品以上，“犯死罪者，并为上请”；七品以上勋官的“祖父母、父母、兄弟、姊妹、妻、子孙犯流罪以下，各从

1 ［后晋］刘昫等撰：《旧唐书》卷八四《刘仁轨传》，中华书局1975年版，第2793页。

减一等之例”。[1] 勋官为政府服役达到一定期限，还可以通过吏部或者兵部的考试，取得做官的资格。“木兰不用尚书郎，愿借明驼千里足，送儿还故乡”，花木兰应当是文武双全的，她能得到尚书郎的职位，肯定是通过了吏部的身言书判考试。建立功勋，取得特权，这应当是很多人从军的主要动力。当然，能力特别强、运气特别好的从军者甚至还可以获得提拔，直接成为官员，进入统治阶层。

唐太宗贞观末年征辽东，绛州龙门人薛仁贵应募从军。大军攻打安地城，太宗命令诸将分四路进军，薛仁贵“自恃骁勇，欲立奇功，乃异其服色，着白衣”，唐军的制服是黑色的，而薛仁贵偏偏穿白，为的就是要醒目，好让在高处瞭敌的皇帝看见自己。果然，太宗远远望见一名白衣小将，“握戟，腰鞬张弓，大呼先入，所向无前，贼尽披靡却走。大军乘之，贼乃大溃”。太宗本人也是武将出身，见此奇才，惊为天人，赶紧派人来问“先锋白衣者为谁”，随即接见了薛仁贵，“赐马两匹、绢四十匹……并赐生口十人”，立即授予他从五品的“游击将军、云泉府果毅都尉”职衔，还把他留在自己身边。从一介平民直接跃升为五品官，这种情况只能发生在战场上。宋代以后的状元郎，虽比这个风光，却远不如这个实在。

薛仁贵军人生涯最辉煌的时刻，莫过于高宗时率兵西征天山九姓突厥。当时九姓突厥坐拥十多万人，势力强大。突厥人派了几十名勇士来挑战。薛仁贵连发三箭，三名勇士应声落马，其余人等慌忙下马请降。唐军乘胜进军，大破突厥。“九姓自此衰弱，不复更为边患”。“将军三箭定天山，战士长歌入汉关”的雄壮军歌响彻了天山南北。

薛仁贵晚年，曾因犯错误被免职。六十八岁时，唐高宗起用他对付突厥人。老将出马，威名犹在，且仍然能打。突厥人“闻仁贵复起为将，素惮其名，皆奔散，不敢当之”[2]。两年之后，即永淳二年（683 年）

---

1 刘俊文：《唐律疏议笺解》卷二《名例律》，中华书局 1996 年版，第 127—128 页。

2 ［后晋］刘昫等撰：《旧唐书》卷八三《薛仁贵传》，中华书局 1975 年版，第 2780—2783 页。

二月“己卯，左领军卫大将军薛仁贵卒”。紧接着薛仁贵的死讯，《旧唐书·高宗本纪》记载了这样一件事：“三月庚寅，突厥阿史那骨笃禄、阿史德元珍等围单于都护府。”将军死而长城坏，增重了薛仁贵的威名，却也不得不说是国家的悲哀。

薛仁贵的故事特别适合用来做征兵宣传。这个故事传递出来诸多的正面信息，在这个国家控制一切的等级社会中，存在着相对平等的文武关系，武人地位高尚，从士兵到将军道路畅通，只要你有能力、有军功。但事实上，薛仁贵的故事恐怕只是一个特例，薛仁贵的武艺、军功、机遇，包括自我宣传的能力，实在超迈群伦。在薛仁贵从军不久之后，普通立功军人的上进之路就开始出现了日渐堵塞的现象。国家对立功军人的重视程度不断下降。比如对待为国捐躯的烈士，从前是“身死王事者，并蒙敕使吊祭，追赠官职，亦有回亡者官爵与其子弟”，但是自从显庆五年(660年)以后，“征役身死，更不借问”。[1] 勋官的获得越来越难，即便是获得了勋官，也很难享受到相应的特权。相反，勋官因为被官府记录在案，反而成了容易受到征发的对象。当兵的好处越来越少，逃避征兵于是成为普遍行为。

为了获得稳定的兵员，唐后期开始实行职业兵制，宋代又吸取五代陋习，在士兵的脸上刺字，从而创造了一个特殊的军人群体——募兵。募兵脱离了农业生产，完全靠国家财政养活，有相对稳定的收入；脸上的刺字将募兵同普通百姓区别开来，募兵因此遭到鄙视；但是，募兵却是武力集团，是有能力保护也有能力危害百姓的群体。

和平时期的军人，不太可能发生像薛仁贵那样的传奇故事，大多数募兵生活得更像是一种低级小官吏。宋代军人的来源有三种：一是军人子弟从军，二是平民应募，三是像林冲那样的罪犯配军。军人及其妻儿构成小家庭，住在国家所提供的营房里，俸禄是小家庭的主要经济来源。军人之妻往往也来自军人家庭。按制度，宋代

1　[后晋]刘昫等撰：《旧唐书》卷八四《刘仁轨传》，中华书局1975年版，第2793页。

禁军要定期轮流戍边，因此，分居是宋代军人家庭生活的常态。这其中也有节制生育的考虑。每三年，皇帝会亲自检阅所有的军官，从高到低，依次升迁，整个过程可能会持续十几天。这是皇帝维持军人忠诚的一种方式。军官升迁完毕，下面的士兵也会得到机会被提拔为低级军官。皇帝的大阅是整个军营的节日，军营门口销售活鸡、活鸭的摊贩，这时候的生意最好。

从史料中可以看到军人的跋扈骄横。比如西北开战，朝廷慌了手脚，一味增兵，甚至想到了要把开封的辇夫（抬轿子的兵）送上战场。这些人当然不干，于是直接闹上了街。但并非所有军人都能如此骄横。底层军人的状态其实相当可怜。宋朝军队的最底层是厢军，也就是专门干杂役的兵。宋朝用厢军来承担政府所需要的某些服务，比如长途运输。江宁府（南京）是长江航运的重要港口，往来官船众多。来来往往负责押运的士兵也很多。士兵在中途生病，基本上就会被留在江宁，住在特殊的营房之中，一年总计不下几百人。这几百人，很少有能活下来的，基本上都被饿死了。因为按制度，生病士兵留下来之后，才向江宁府申请"粮票"，"给券乃得食"，拿到粮票才能到仓库里领粮食，领了粮食才有饭吃，这一套手续走起来并不容易，等到手续走完，病号就已经饿好几天了。这种情况，直到理学家程颢担任江宁府上元县主簿时，才得以改善。程颢的做法很简单，就是先在营房里备好米，病号来了就管饭。[1]负责押运物资的厢军会在旅途之中遭遇生死考验，而这种时候，他们命如草芥，除非遇到像程颢这样有良知、负责任的官员。

1 参见［宋］程颐：《明道先生行状》，见程颢、程颐著，王孝鱼点校：《二程集·文集》卷一一，中华书局2004年版，第631—632页。

与君离别意，同是宦游人

王勃的诗《送杜少府之任蜀州》有两句："与君离别意，同是宦游人。"

对宦游人来说，离别是人生日常。宦游人是帝制国家和官僚制度的产物。战国的游士是他们的先驱，只是战国游士的"游"具有强烈的不确定性，是一种彻底的个人英雄主义的冒险——有可能一席话打动诸侯为卿相，成就名垂青史的伟业；更有可能遍访诸侯而不得一用，穷困潦倒为亲友所不齿。帝制时期的宦游有官僚制度做保障，一个人一旦进入官僚体系，从哪条路进来的，未来可能有怎样的发展，路径基本清晰，能达到怎样的高度，则要看个人造化。帝制时期的官僚是高度职业化的群体，从入仕到致仕，在从职位到职位的奔波中，在各种关系的纠缠撕扯中，宦游人一直都在路上。

如何处理与上司的关系，是宦游者必须经历的考验。上司的态度对下属的仕途发展往往具有举足轻重的作用，在某些朝代，它被以制度的方式固定下来，比如：唐代的州刺史和各部长官要为下属书写"考词"，也就是业绩评语；而在宋代，下层文官（称"幕职州县官"，指级别）向中层（称"京官"，指级别）的跃升，必须有五封推荐信，这些推荐信多半必须来自直接上司。那么，跟上司对着干就成了一件极其冒险的事情，但是，如果上司做的明明就是错的呢？一件事情对不对，是否利国利民，这是大是大非的问题。下属与上司的关系，这是官僚队伍内部的关系问题。皇帝国家设置官僚的目的就是协助皇帝治理国家，因此，把事情做对本来是第一位的；然而这种上司决定下属命运的管理方式，却迫使官员把上下级关系作为第一位的事情来处理，为了个人前途，官员宁可牺牲是非道理也不得罪上级。

而那些在关键时刻敢于仗义执言，敢冒得罪上级风险的宦游人，在任何时代都是凤毛麟角。比如，北宋名臣司马光的父亲司马池担任光山县令时，他的顶头上司光州知州盛度为了执行中央命令，下令所属四县在三日之内完成上供建材的收购任务。命令下得突然，所购建材又并非

图六〇：明 唐寅 《垂虹别意图》（局部）

《垂虹别意图》，明代唐寅绘。纸本水墨，107.6厘米 ×29.7 厘米，现藏美国大都会艺术博物馆。此画全卷由唐伯虎绘，祝枝山题“垂虹别意”的引首，戴冠作序，以沈周为首的 30 余人题诗于卷后。此长卷以书画形式记录了唐伯虎、沈周、文徵明等众吴门才子送别戴昭时的情景。在群山绵延下的垂虹桥畔，杨柳依依，与君话别离。唐伯虎题诗云：“垂虹不是灞凌桥，送客能来路亦遥。西望太湖山阁月，东连沧海地通湖。酒波汩汩翻荷叶，别思茫茫在柳条。更欲传杯迟判袂，月明倚柱唤吹箫。”对宦游人而言，离别乃人生常态。帝制时期的官僚是高度职业化的群体，从入仕到致仕，在从职位到职位的奔波中，在各种关系的纠缠撕扯中，宦游人一直都在路上。

本地土产，这分明是不可能的任务，然而光州下属四县，四位县令中只有司马池一人表达了抗议。接下来事情发展得很有趣：第一，四县之中，按时完成任务的反而只有光山一县。原因也简单，光山老百姓听说县令为了维护他们的利益，竟然公然抗上，因此人心齐泰山移，更何况买些木材呢。第二，就在光山任上，司马池获得跃升中层所需的五封推荐信，这其中最重要的一封，就来自被他顶撞的知州盛度。其他四封推荐信的获得，恐怕也与盛度对司马池的赞赏不无关系。因为耿直，司马池在下层的级别上徘徊了十七年，在顶撞盛度之后，反倒是提上去了，着实不易。

在我看来，这样的故事其实并不具有典范作用，因为其中的偶然因素太多了。司马池并不难得而盛度难得，那些碰不到“盛度”的“司马池”，也只能沉迹下僚了，而且那些沉寂的大多数，根本不会被我们看见。帝制时期的政治文化，不仅在骨子里把皇帝摆在国家之上，而且还在实践中把官僚内部的关系摆在国家之上，明明是治理的工具，反而成了治理的目的，本末倒置，令人警醒。而沉浮于其中的宦游人，也便大半在这文化之中消磨了理想与锐气，把升官与发财相关联。

宦游人必须面对的，还有与地方的关系。在汉代，酷吏代表朝廷打击豪强，循吏则着意发展教育，培养地方士人，开通道路，设置邮亭系统，移风易俗。在一般的史学叙述中，酷吏与循吏代表着两种对立的地方治理方式，当我们把时间的尺度放长后进行观察，便会发现，无论酷吏还是循吏，都是帝制国家推广其政治秩序与政治文化的手段，酷吏与循吏殊途同归，都扩大了中央的影响，巩固了中央集权。而在当时的制度背景之下，汉中央能够派出的只是地方长官，地方佐官出自本地精英，汉朝的郡所实行的，实际上是中央代表与地方精英的共治，在这样一种背景之下，那些外地人长官的行为，特别是酷吏对地方豪强的打击行为，应当是冒了极大的风险。从长远上看，循吏以温和的方式，酷吏以血腥的手段，共同缔造了帝国的统一。隋朝以后，实行地方佐官的中央任命制度，自此所有官员的荣辱浮沉都归于中央，任职在地方的所有官员就其本质而言，都是中央的官。在这种情形之下，完成中央所规定的任务成了多数地方官员的第一选择，地方利益在实质上变得无足轻重，只要不出事便好。

比如我们在前文提到的下水道问题。宋代以后，随着城市人口密集程度的增加，下水道的问题变得越来越重要，通畅的下水道系统可以保障城市卫生，避免瘟疫的发生。而整个城市下水道的疏通，必须由地方政府出面。可是这样新兴的工作，却不在中央设定的地方官考核条例中，因此，干不干就要看知州的意愿。若是有良知与理想的知州就没问题；而若是知州懒惰，不愿意费力气整治，那么地方士绅的代表也只能干瞪眼。那些有良知的官员，会被本地人记住，甚至列入祠堂永世纪念，可是地方性的尊崇却未必能给被尊崇者带来仕途的升迁。宦海浮沉，并不一定取决于你为当地百姓做了什么。

当然，那些有理想的政治家仍然会努力有所作为。对那些真正有理想的人来说，宦游之路是一段内心的艰难旅程，理想与现实、欲望与诱惑、原则与妥协，不断地磨洗，“力槌顽石方逢玉，尽拨寒沙始见金”，那些至今仍然屹立在华夏理想人格殿堂中的历史人物，是真正的偶像。

宋代的范仲淹，在贬谪中写下了“先天下之忧而忧，后天下之乐而乐”的誓言，他始终“居庙堂之高而忧其民，处江湖之远而忧其君”。不以寒温改其节，立朝敢言，“宁鸣而死，不默而生”；治军有术，使西夏称臣，边境得安宁；得位敢为天下先，勇于向官僚集团的利益开刀；在地方则积极治理。他晚年的最后一站，是在经历过大水灾后的青州，以衰朽残年之躯尽力做好灾民的安置返乡工作。

与范仲淹基本同时代，包拯对人情的冷暖有着敏锐的洞察，对人性的软弱又抱持着高度的警惕。包拯年轻的时候，跟一位姓李的同学一起在老家庐州的一座庙里读书——庙里有房子住，还管待斋饭，所以从唐代起就很流行在庙里读书。当然，这也是穷学生的做法。庙的附近住着一个大财主。这财主常常看见两位读书人从家门口过，知道他们书念得好，早晚会中进士、做大官，于是有心结交，总想请他们到家里坐坐，但包拯和李同学总是婉言谢绝。后来有一天，财主就特地备好一桌酒席，专门下了帖子，请二位秀才“光临寒舍”。盛情难却，李同学就要洗脸更衣准备赴宴了。包拯一把拦住他，严肃地说：不能去。咱们是读书人，早晚要做官。他是个富人，咱们现在如果吃他的请、得他的好处，万一将来被派回老家来主政地方，他若有不合礼法的事情求到咱们，那该怎么办？李同学一听有道理，最终两个人都没去。后来，包拯和李同学果然都中了进士，并且在若干年后，都曾主政庐州，干得都还不错，其间并未受到人情干扰。

这个故事，南宋大儒朱熹给自己的学生讲过。朱熹做过地方官，深知利害，他耳闻目睹多少地方官员平时跟当地富人打成一片，导致不能公平施政，甚至被富人拖下水，因此以包、李二位为榜样教导学生，做地方官，特别是主政一方，为人处世，处理与当地士绅的关系必须有所节制，有所不为，才能保持超脱公正的立场，守住原则。[1]

宦游之人，始终在路上；宦游之路，充满艰辛，充满诱惑。隋炀帝

1 参见［宋］黎靖德编，王星贤点校：《朱子语类》卷一二九《本朝三·自国初至熙宁人物》，中华书局 1986 年版，第 3093 页。

规定“父母听随子之官”[1]，从此之后，朝廷对家属随行的规定越来越倾向于支持鼓励，宦游人的旅途形态发生了重大变化，从前是单身上任，如今是携家带口。司马光于 1055 年底从山东取道河北，翻越太行山，到并州（今太原）上任，写下了一首《苦寒行》，记述“穷冬北上太行岭”“万险历尽方到并”的艰辛之旅。他带着张夫人和独生子随行。风雪交加，小孩子冻得直哭，做母亲的却束手无策。干粮没带足，仆人们一直在喊饿，瘦马也吃不饱肚子，石板路滑，马失前蹄，吓得人出了一身又一身的冷汗，而这冷汗在人身上都冻成了冰。这样的旅程，当不在少数。家属的随行让宦游不再孤单，但也带来更多的变数，比如旅途中的死亡。

1 ［唐］魏徵、［唐］令狐德棻撰：《隋书》卷三《炀帝纪上》，中华书局 1973 年版，第 72 页。

图六一：宋 佚名 《雪渔图》（局部）

《雪渔图》，宋代佚名绘，绢本设色。《雪渔图》全卷中，除了撑杆捕鱼者，下罾捞鱼者，还有在冬雪初霁的寒冷天气里骑驴出远门的旅人：画中有两位骑驴者，另外两位是跟在身后的童子。从他们翻飞的头巾、帽檐和衣袂，似乎都能感受到刺骨凛冽的劲风。身后跟着的俩童子都瑟缩着身体，其中一位还用袖子掩着嘴巴，似在遮挡寒风，又似乎是在擦拭鼻涕。在如此寒冷的冬雪天不得不出远门，他们或为始终在路上的宦游人；而除了严寒，宦游之路也充满了各种艰辛。《雪渔图》的一角也可从侧面反映出宦游路上的不易。

宦游路上的妻儿

高阳的历史小说，不仅故事曲折动人、人物形象栩栩如生，而且提供了有关传统时期人情世故的丰富知识，比如，《清宫外史》里的这一句“俗话说，太太死了压断街，老爷死了没人抬”，就道尽了宦游路上的人情冷暖。太太死了，老爷还在任上，当地士绅巴不得有这么一个千载难逢、合情合理的机会，可以向老爷示好，来吊唁的人当然会“压断街”；而老爷死了，权势、地位烟消云散，人人都忙着去迎接新老爷，谁还理会一个死人？“死去元知万事空”，老爷死了倒也无所谓了，只可怜活着的太太、少爷和小姐，孤儿寡母不知是否有回家的盘缠。宋朝史料记载，某公做官，地点大约在湖南、岭南交界的地方，是内地人往来岭南的必经之地，他眼见宦游人卧病滞留的、客死岭南无法归葬的、孤儿寡母踽踽独行的，兔死狐悲，物伤其类，心中不忍，特地向中央申请资金，以作为上述人士补助慰问之费。此公非名人，也没有做大官。偶然留下这样一条史料，昭示当日宦途艰难，令人鼻酸。

自隋炀帝开始，官员可带家属随行，女性和孩子便随着丈夫和父亲踏上了漫漫宦游路。这路有多长？1973 年，新疆吐鲁番阿斯塔那唐墓中出土了一件申请过所的文书，领衔申请的这位女士，是福州都督府长史唐循忠的媵薛十五娘，她只有十八岁，被唐循忠的两个侄子护送着，带着三个奴、三个婢、一个作人、八匹马、五头驴，要从安息四镇的首府龟兹去往福州，这一段漫漫旅程长达 11 696 里。薛姑娘的旅行证上注明，她可能经过玉门关（今甘肃敦煌西）、金城关（今甘肃兰州市北黄河渡口）、乌兰关（今甘肃靖远县西南）、大震关（今陕西陇县西陇山下）、潼关（今陕西潼关）、蒲津关（今陕西大荔县东）等关津。潼关和蒲津关都是东渡黄河出关的要道，两关并列，应当是为了让旅行者可以有所选择。这一年是开元二十一年（733 年），当年秋天，关中久雨，粮食供应不足。次年正月，唐玄宗率领百官往东都洛阳“就食”，走的是潼关。届时，潼关道路必定拥挤不堪，关门的安检也会比平常严格。在路上的薛姑娘需要做出选择，究竟走哪条路。当然，这个选择不是她来做，而是她丈夫的侄子来做，特别是二十三岁已经做官的唐益谦。11 696里，以一天50里的速度计算，就算是一天不歇，也需要234天。这趟旅行需要从西北到东南，从茫茫戈壁到大海之滨，从秋天到夏天。习惯了飞机旅行，又被高铁速度“惯坏”了的今天的中国人，是无法想象的，真是走着走着就老了。更何况，前路茫茫，吉凶难料。

北宋王定国谪居广西，歌女宇文柔奴不离左右，数年之后，又随定国返京，苏轼为之作《定风波》词，下阕歌云：“万里归来年愈少，微笑，笑时犹带岭梅香。试问岭南应不好？却道，此心安处是吾乡。”一句“万里归来年愈少”便令人口角含笑，多少委屈都烟消云散了。

女性在男性宦游之中的角色是非常有趣的，宦游是一种运动不定的状态，男性的宦游把女性带上了漂泊的旅途，女性在男性的宦游之中承受着双重的不稳定，一方面是丈夫的宦海浮沉，另一方面则是丈夫可能遭遇的种种诱惑给女性情感带来的冲击——当然，这时候“糟糠之妻不下堂”的古训和“不得以妾为妻”的法条，以及“正室范儿”都是有益的帮助，它起码维护了女性在婚姻中稳定的地位。而女性向男性所提供的则是家庭，是陪伴、照顾，是稳定感和延续性。

旅途之中最可怕的是疾病和死亡。传统时期医疗水平差，疾病与死亡往往联袂登场，那些陪伴父母宦游的儿童通常是最先被击倒的对象。唐宪宗元和十四年（819年）正月，韩愈因为激烈批评唐宪宗供奉佛骨，被贬为潮州刺史，他正月十四日得诏，即日上路。他的第四个女儿女挐，当时只有十二岁，正卧病在床，只能看着父亲离开。韩愈离开之后，其政敌又以“罪人家不可留京师”为由，逼迫韩夫人卢氏离京。滴水成冰的正月天气，女挐被抱上牛车，母亲尽可能地把她包裹得暖和点儿，可病弱的身体哪里受得了这番折腾，走到商州南边的层峰驿，女挐便离世了，这一天正是二月二，龙抬头。次年年底，韩愈奉召回京，路过层峰驿，看望了长眠地下的女儿，不免想起妻子对他说起女挐下葬时的凄怆仓皇，于是在驿馆的房梁上留下一首悲凉的诗：“数条藤束木皮棺，草殡荒山白骨寒。……绕坟不暇号三匝，设祭惟闻饭一盘。”女挐死在这荒凉的驿馆，全是父亲的罪过，如今父亲贬谪归来，重获重用，可是这一切都无法换回女挐的生命，在女儿的坟前，韩愈是愧疚的：“致汝无辜由我罪，百年惭痛泪阑干。”[1]

宦游是父亲和丈夫的选择，而接受宦游命运的还包括父母与妻儿，他们是真正荣辱与共的一家人，不可分割的命运共同体。关于韩愈的愧疚，现代人可能会提出疑问：舍生取义是大丈夫的美德，一个追求真理的人可以不惜牺牲自己的生命，但是他们有没有资格让妻子、儿女为此牺牲呢？这个问题成立的前提是现代性，在韩愈这里，他可以感到愧疚，但不会质疑自己的选择。传统中国的仕宦以家庭为计量单位，有封妻赠亲之法和恩荫子弟之途，同样，也会有抄家连坐之罚。一荣俱荣，一损俱损，皆题中应有之义。

中国传统的丧葬习俗是入土为安，而葬礼是开支极大的项目。从社会阶层来看，宦游者阶层普遍高于普通老百姓，其葬礼要求理应更高。但是，宦游的漂泊状态却让宦游者的丧葬呈现出窘迫的状态。山东金乡人吴蒨，在宋太宗朝高中进士，官至侍御史，后来以洛阳为家，把自己的父亲葬在了洛阳的金谷乡。吴蒨死后也和父亲葬在了一起。吴蒨的儿子吴元亨，靠父亲的恩荫入仕，做过两任县官。元亨的母亲刘氏在丈夫死后，就跟随儿子游宦，可能是在元亨返京述职的时候，刘氏死在了京城，元亨没有财力让母亲归葬洛阳，只得把母亲的灵柩暂时安置在京城的广济寺。若干年后，吴元亨死在了洛阳，终年四十一岁。吴元亨的长子吴颢当时只有十八岁，次子几复更是个孩子，几复还有个妹妹。在洛阳知县的帮助下，吴元亨的夫人聂氏把吴元亨的灵柩安置在了洛阳的永安佛堂之中。

聂氏的姐姐是司马光的母亲，当时司马光一家在郑州。吴颢到郑州去向姨父姨母报丧，“入门，哭且拜，问故，又哭”。吴颢个子很高，相貌堂堂，议论慷慨，才思敏捷，文章写得也漂亮，正准备参加进士考试。司马光的母亲不由得感叹：我妹妹命苦，早早地没了丈夫；还好有这样

1　莫砺锋：《刚强人的辛酸泪——读韩愈哭女挐诗》，载《古典文学知识》，2018年第4期，第74—78页。

的好儿子，妹妹还是有指望的！可是谁都没想到，两年之后，高大英俊的吴颢死在了风陵渡。吴颢的弟弟吴几复是个非常有志气的少年，他拼着一股子劲儿，把哥哥的灵柩背到了汝州，同样安放在了佛寺里。又过了两年多，母亲聂氏也去世了。聂氏死在哪里，是如何安葬的，史料并未交代。我们只知道，在父亲、兄长和母亲相继过世，家中“无一金之产”的困境中，吴几复刻苦读书，考中进士，并且得到了蓬州知州的任命。在往蓬州上任之前，吴几复决心完成祖母、父亲、母亲和兄长的葬礼。这时候，离祖母刘氏过世已有四十二年，离父亲吴元亨过世二十九年，离兄长吴颢过世二十六年，离母亲过世也已二十四年了。

吴几复要完成的是一项大工程。首先，找到祖母灵柩就是件很困难的事情，祖母过世的时候，吴几复只有两岁，祖母停灵的经过他也只是听哥哥说起过。京师有两个广济寺，一个在城东，一个在城西。在葬礼前十年，吴几复就已经开始一遍又一遍地寻找。终于，当吴几复再次造访城西广济寺时，偶遇了当年协助父亲为祖母停灵的小和尚，眼前的小和尚已经变成了老和尚。按照老和尚的指点，吴几复找到了祖母的棺木，棺木的漆早已剥落，只剩巴掌大的一小块儿，就在这仅存的一块漆片上，居然辨识出了父亲的字迹。吴几复放声大哭。

那个在宦游途中失去了父母、兄长的少年最终完成了所有的葬礼，让亲人入土为安，他还把妹妹嫁给了比阳县令李鹏，这桩婚姻门当户对。吴几复真是宦游路上的英雄，他以自己的努力获得了科举成功，维持了家族门第，无论是妹妹的婚姻，还是亲人的葬礼。[1]

当下常说成年人的字典里没有“容易”二字，今天如此，古代亦然。宦游之人本来就是艰难进取的一个群体，是受雇于皇帝国家又心怀天下苍生的群体，他们与妻子儿女，道路相扶，同甘共苦，写下了宦游路上的悲欢离合。

---

1 以上信息来自司马光所作的《宋故渠州邻水县令赠太常博士吴君墓志铭》《宋故进士吴君墓志铭》《宋故侍御吴君夫人彭城县君刘氏墓志铭》，见［宋］司马光著，李之亮笺注：《司马温公集编年笺注》卷七五，巴蜀书社 2009 年版，第 491—495 页。

明 唐寅 《松林扬鞭图》

传统时期的女子

人间烟火

妻妾

“严格的一夫一妻制起源于基督教道德影响下的中世纪西欧”，在爱情与婚姻之间建立普遍联系，认为“只有以爱情为基础的婚姻才是合乎道德的”，这是西方对世界文明的一大贡献。一夫一妻制、以爱情为基础的婚姻、离婚自由等，都是现代婚姻规则，属于现代性的一部分。立足本土看，这都是舶来品。中国传统的婚姻制度是一夫一妻多妾制，既不是一夫一妻制，也不是一夫多妻制。在这个婚姻结构当中，夫妻“敌体”，男主外，女主内，妻与夫在家庭中的地位是基本平等的，而妾则是夫妻之下的辅助性存在。有妻、妾然后有嫡、庶，正妻所生的子女为嫡子、嫡女，妾之所出则为庶子、庶女。嫡庶之别，有如天壤。

《红楼梦》第五十五回“辱亲女愚妾争闲气，欺幼主刁奴蓄险心”，王熙凤称病，庶女探春代理荣国府家政，表现抢眼，生母赵姨娘却来撒泼，幸而被王熙凤的助理平儿镇住。平儿回家报告。王熙凤感慨探春虽然能干，只可惜是庶出，“没托生在太太肚里”。平儿不服气，王熙凤就说出了下面一席话：

> 你那里知道，虽然正出庶出是一样，但只女孩儿却比不得儿子，将来作亲时，如今有一种轻狂人先要打听姑娘是正出是庶出，多有为庶出而不要的。殊不知庶出只要人好，

比正出的强百倍呢！将来不知那个没造化的，为挑正庶误了事呢！也不知那个有造化的，不挑正庶的得了去。

王熙凤虽然不读书，却是《红楼梦》里一等一的聪明人，在人情世故上看得极透彻，这一番“嫡庶论”便说得头头是道，可以总结如下：第一，在当时人的观念中，正出庶出一样，也就是说，一个家庭之中的子女，母亲是谁不重要，重要的是父亲是谁，社会地位父系传承，子女的社会地位取决于父亲的家族。第二，就社会现实而言，在结婚这一女性最关键的人生转折点上，庶女实际上受到歧视。王熙凤虽未展开说受歧视的原因，却也不难推想。庶女没有地位相当的舅家作为社会关系的依托，也没有母亲的嫁妆作为可能的经济基础，自身所附带的资源相对匮乏，附加值不高。因此，如果有选择，在相同或近似条件下，男性家族当然会选择嫡女。第三，王熙凤说，其实这些世俗的考虑都是浮云：“庶出的只要人好，比正出的强百倍呢！”具体到探春姑娘，谁娶到她那是对方的福气。作为嫂子的王熙凤，可算是探春的知音。

关于嫡庶子女的安排原则，唐朝的褚遂良有更为精确的表达：“主祭祀之胄，必资于嫡长；擢文武之材，无限于正庶。故知求贤之务，有异于承家。”也就是说，第一，凡是涉及“承家”，也就是与家族传承有关的，比如主持家族祭祀，或者包括皇位在内的爵位继承，“必资于嫡长”，适用于“有嫡立嫡，无嫡立长”的嫡长子继承原则；第二，凡与国家的人才选拔相关联的，比如官学的入学资格、充当皇帝宿卫的资格，以及参加科举考试的资格，受推荐升迁的资格，则“无限于正庶”，“人以才进，不论嫡正”[1]，适用“看爹不看妈”原则。按照这一原则，庶子庶女是有可能凭借自身能力和运气实现逆袭的。

1 ［唐］褚遂良：《请千牛不简嫡庶表》，见［清］董诰等编：《全唐文》卷一四九，中华书局1983年版，第1504页。

讲完庶女，再回过头来看一下庶女的生母——妾。《礼记·昏义》论“娶妻之义，内教之所由成也”，曰：“婚礼者，将以合二姓之好，上以事宗庙，而下以继后世也。”也就是说，婚姻尽管要借由一男一女的身体来实现，但就其本质而言，却是两个家族之间的结合。生儿育女，繁衍后代，以延续家族香火，虽不能说是婚姻唯一的目的，却也是最主要的。换句话说，生育虽然在时间上后于婚姻，但逻辑上先于婚姻，结婚是为了生育，家庭的功能是养育。而妾在家中存在的唯一合理原因，就是为了更广泛地繁衍子嗣。

从思想观念史的角度看，《聊斋志异》确实是本奇书，故事虽然都是编的，故事背后的观念和欲望却是真的。对照《林氏》和《段氏》两个故事看，可以很清晰地看到妾在一个家庭中的地位和功能。林氏是好太太的代表，她刚烈贞洁，曾因抗拒北兵强奸而自杀，被救活后脖子歪了。林氏的丈夫戚生也是个有情有义的男人，本来是喜欢狎妓的，把老婆救回来之后，发誓永不相负，守着一个歪脖子老婆，不去妓院，不讨小老婆，不招惹家里的婢女。林氏过意不去，想尽办法终于让婢女海棠怀上了丈夫的孩子。林氏试探丈夫的口风，问他假定婢女怀上了怎么办。戚生回答说：留犊鬻母——孩子留下，母亲卖了。林氏不忍，保护海棠生下孩子送回自己娘家抚养。就这样，海棠生了两儿一女，都养在林氏娘家。若干年后，戚生已老，感叹人生唯一的遗憾就是没孩子。于是林氏捧出了三个孩子，戚生大喜说：“何不早告？”林氏说：我要是早告诉你，就怕你把他们的母亲卖了。最终，林氏接回了婢女海棠，皆大欢喜。婢女地位低于妾，海棠可以怀孕生子，却始终没有母亲的身份。全仗着林氏的贤德，才没有被卖掉。像林氏这样的妻子，蒲松龄说：“可谓贤德矣。”她完全不妒忌，为了让丈夫能接纳海棠，百法用尽。但是，蒲松龄说的“贤德”其实有它特定的历史含义，最关键的内容是为丈夫的家族延续子嗣，而子嗣之有无是关系到戚生与林氏夫妇的养老送终、财产继承等一系列问题的。

这一点在《段氏》中看得更清楚，商人段氏的老婆连氏，生性奇妒，段氏无子，不敢纳妾。与一个丫鬟发生了关系并使她有了身孕，丫鬟

图六二：五代南唐 周文矩（款）《浴婴仕女图》

《浴婴仕女图》，五代南唐，周文矩（款）。绢本设色，团扇。35.9 厘米 ×35.8 厘米，现藏美国弗利尔美术馆。“不孝有三，无后为大”。古代很重视传宗接代，在艺术中也多有体现，故在中国画中专门有个门类就叫作“戏婴图”，这类图主要描绘的是孩子们如何成长，如何游戏等过程。此画展现的就是婴儿洗浴的场景：画中仕女们极为疼爱这几个婴孩，帮他们脱衣服，给他们洗澡，其中一个孩子流鼻涕了，一位仕女正在帮他擦鼻涕。画中孩子天真活泼，头上的小鬏鬏样式各异，显得细腻生动。这类画作的大量出现，即可反映出当时对生育的重视程度。

最终被卖到了别人家。段氏过了六十岁，侄儿们开始觊觎他的丰厚家产，段氏想正式过继一个侄子，可其他的侄子不依不饶。连氏气得跺脚，给丈夫连买两个妾，希望能为段家绵延子嗣。可惜，这两个妾都没能生下男孩。段氏死后，侄儿们在灵前分家，一点儿都不打算留给连氏和两个妾及妾生的女儿，连氏束手无策。正在这时，当年被卖掉的丫鬟生的儿子回来了。连氏大喜，大声呵斥侄子们：老娘也有儿子了。你们拿走的家什，牵走的牛马，都给我乖乖送回来，不然就等着吃官司吧。让段家孤儿寡母绝处逢生的，正是当年在娘肚子里被赶走的私生子。学者们对传统时期女性的继承权问题有着大量的讨论，认为其基本走向是江河日下的。即便在现代的某些偏远地区，父亲死后儿子们分家，没有母亲的份儿，也不是稀罕事。没有儿子，财产就会被侄子等同族男性掠去，为保证老有所养，丈夫死后不至任人欺侮，就必须帮丈夫生儿子。只不过，贤德的林氏是未雨绸缪，妒忌的连氏是亡羊补牢。故事里说，连氏活到七十多岁，临死，把女儿和孙媳妇都叫来，嘱咐说：你们都给我记住了，如果到三十岁还生不出儿子，哪怕是典当钗环首饰，也要给丈夫纳妾。没有儿子实在是太惨烈了。

《聊斋》的这两个故事一正一反，形象地说明了儿子对一个家庭的重要性。就经济和宗族关系而言，妻子和丈夫是一体的，在父系传承的家族制度下，丈夫的儿子就是妻子的儿子，为丈夫纳妾或是婢女以求子，是一个无子的妻子最理性的选择。《聊斋》是男人写的，所以他们从来不考虑另外一种可能——倘若不孕不育的是男主人，那该怎么办呢？

故事中的婢女和妾，都只是生育工具。“留犊鬻母”也不是不可以的，无损主人的德行。历史上，妾的地位曾有过沉浮。西周实行封建制，妻妾之间界限严格。春秋时期，葵丘之盟约定“无以妾为妻”，“若以妾为夫人，则固无其礼也”。[1] 盟约的出现从一个侧面表明妻妾界限的松动，这其实也是封建制礼坏乐崩的表现之一。春秋战国以

1 ［清］阮元校刻：《十三经注疏》清嘉庆刊刻本七，《春秋左传正义》卷六〇，《春秋公羊传注释》卷一〇，中华书局 2009 年版，第 4738、4882 页。

至两汉三国，妻妾界限一直处在相对混沌的状态，常常受权势的摆布。西汉“妇制莫厘。高祖帷簿不修，孝文衽席无辨”。孝文帝所宠幸的慎夫人，“每与皇后同坐”。[1]出身高贵的女子嫁为人妾，亦不以为耻。汉成帝许后的姐姐寡居之后，即嫁淳于长为“小妻”，“小妻”就是妾。三国时曹魏和孙吴，妻妾位错乱之风颇为盛行，以宠夺嫡的现象多见，君有，臣也有。魏明帝先娶河内虞氏为妃，即位后立爱妾毛氏为后，虞氏斥之：“曹氏自好立贱，未有能以义举者也。”[2]孙权“废嫡立庶，以妾为妻”。[3]钟会的妾母深得其父钟繇宠爱，“为之出其夫人”。[4]

孔子为治，以“正名”为第一要务。妻妾易位，容易造成秩序混乱。东汉末思想界开始出现了检讨的声音，晋武帝泰始十年（274年）下诏：“自今以后，皆不得登用妾媵以为嫡正。”这是两汉以来第一次用诏令的形式严格划分妻妾界限，从而体现了儒家之礼。从此之后，妾的地位日益低下，甚至出现了“以嫡待庶而若奴，妻遇妾而若婢”[5]的现象。

《唐律》正式将“以妻为妾”定为罪名：“诸以妻为妾、以婢为妻者，徒二年。”为什么“以妻为妾”“以婢为妻”是社会秩序所反对的？《唐律疏义》的司法解释是：“妻者，齐也，秦晋为匹。妾通卖买，等数相悬；婢乃贱流，本非俦类。若以妻为妾，以婢为妻，……亏夫妇之正道，黩人伦之彝则，颠倒冠履，紊乱礼经。”

“妻者，齐也。”在一夫一妻多妾制的家庭内部，夫妻之间还是

1 ［南朝宋］范晔撰，［唐］李贤等注：《后汉书》卷一〇上《皇后纪第十上》，中华书局1965年版，第399页。

2 ［晋］陈寿撰，［南朝宋］裴松之注：《三国志》卷五《魏书·后妃·明悼毛皇后传》，中华书局1982年版，第167页。

3 ［晋］陈寿撰，［南朝宋］裴松之注：《三国志》卷四七《吴书·吴主传》，中华书局1982年版，第1148页。

4 ［晋］陈寿撰，［南朝宋］裴松之注：《三国志》卷二八《魏书·钟会传》，中华书局1982年版，第784页。

5 ［唐］褚遂良：《请千牛不简嫡庶表》，见［清］董诰等编：《全唐文》卷一四九，中华书局1983年版，第1504—1505页。

有平等之意的，那么，传统家庭之中夫妇之间的感情状况如何呢？

夫妇

“张敞画眉”的故事出自《汉书·张敞传》。儒生张敞担任京兆尹（首都市长），长安人多官大，京兆尹难当，每个市长都是万里挑一选出来的，然而，干得长的两三年，干得短的一年，甚至几个月，“辄毁伤失名，以罪过罢”，遭到诋毁，名声受损，因犯罪或者犯错误而被停职，基本上就都灰溜溜地下台了。在一段时期内，干得长的只有两个人，其中之一就是张敞。能在京兆尹位上干得长，这说明张敞处理复杂关系的能力是超强的，非一般迂腐儒生可比。张敞的儒学修养和应对重大问题的思考能力，也折服了包括皇帝在内的长安政坛，朝廷每遇重大议题的讨论，张敞都能“引古今，处便宜，公卿皆服，天子数从之”。可惜的是张敞“终不得大位”，始终没有做到宰相。为什么呢？

《汉书·张敞传》认为，这是因为张敞“无威仪”，缺乏威严仪态。张敞“无威仪”的例子之一就是“为妇画眉”，长安城中人人都说“张京兆眉怃”，翻译过来应当就是“张市长画得一手好眉毛”——听起来的确有些不严肃。果然，就有人报告了宣帝。宣帝很重视，当面质问张敞。张敞说：“臣闻闺房之内，夫妇之私，有过于画眉者。”这个回答掷地有声。《张敞传》接着说：“上爱其能，弗备责也。然终不得大位。”皇帝爱惜张敞的能力，没有特别责备他，但张敞也因此最终没能位极人臣。这句话有两层含义：第一层是说皇帝爱才而大度，第二层是说张敞为画眉这样无威仪的行为付出了惨重代价。这就是东汉儒生班固对“张敞画眉”的看法。

在现代汉语中，成语“张敞画眉”通常用来形容夫妇感情好，已经变成一个褒义词。然而在传统时期，“张敞画眉”其实很难称得上是一个非常正经的褒义词。比如唐代李翰编撰的启蒙教材《蒙求》里有一句，就是“张敞画眉，谢鲲折齿”，把“张敞画眉”与“谢鲲折齿”对举。“谢鲲折齿”是什么典故？东晋谢鲲，“不修威仪”，曾经担任东海王司马越的僚属，因为“任达不拘”被除名，谢鲲根本不在乎，照样“清歌鼓琴”。邻居高家的女儿有美色，谢鲲出言挑逗，“女投梭，折其两齿”。[1] 人人都以为这下谢鲲该收敛一点儿了吧，可是人家照样不在乎，“傲然长啸曰：‘犹不废我啸歌！’”按照今天的标准衡量，倘若谢鲲和高姑娘都是单身，那么谢鲲追求高姑娘也没什么不对。但在当时的常识背景下，以谢鲲的身份地位，不可能还是单身，而且高姑娘的门第肯定配不上陈郡谢氏，所以谢鲲对高姑娘毫无疑问是单纯挑逗，的确轻薄无礼，一梭子打断两颗牙齿是重了点儿，也不算过分。相比“谢鲲折齿”，“张敞画眉”又错在哪里？以现在的标准看，夫妻关系讲究的就是秀恩爱、着情侣装、十指相扣、甜蜜对视等，这都是司空见惯的常规动作。张敞画的是自己老婆的眉，“为妇画眉”应该是加分项，它说明长安市长张敞夫妻关系和谐，是一个对家庭忠诚而值得信任的人。

但是，张敞是传统中国的汉朝人。按照以班固、李翰为代表的传统伦理观点，“为妇画眉”只能说明张敞“无威仪”，而一个无威仪的人是不配拥有“大位”的。尽管闺房之内有过于画眉者，一个有修养的男人却不应该做出“为妇画眉”这样亲昵的举动，哪怕是在闺房之内也不行。“不孝有三，无后为大”，为绵延子嗣，“有过于画眉者”的事肯定是要做的，但是画眉不行。隐藏在“张敞画眉”故事背后的，是中国传统文化关于夫妻关系的潜规则——妻子不是爱欲的对象，公开表达对妻子的爱是羞耻之事。

传统时期的妻子是丈夫家庭责任的分担者。

妻子的首要职责是侍奉公婆，所谓“夫人之职，莫先乎舅姑，甘

1 ［唐］房玄龄等撰：《晋书》卷四九《谢鲲传》，中华书局 1974 年版，第 1377 页。

旨以事居，蘋蘩以事往，故可以配君子，正家道也”。[1] 新媳妇嫁过来时公公婆婆都健在，则须小心伺候，吃穿用度能够做到“非出其手，舅姑弗悦”[2]，才称得上是一个好妻子。科举时代，异地做官是原则，儿子游宦四方，老太爷和老太太“乐闾里，与姻族游”，不愿随行，怎么办？那便只能是“夫人愿侍左右”了。范仲淹笔下的胡夫人陈氏，丈夫在外做官二十年，她在老家服侍公婆二十年，“缝衣爨飧，必躬亲之。至舅姑之终，与公执丧三年，然后就公官所”。范仲淹赞曰：“此夫人大节，无愧天下之为人妇者，有声诗之义焉。”二十年太久，陈氏的丈夫胡公会一直单着吗？当然不可能，他的身边一定会有婢妾服侍左右；当然，婢妾虽亲，却不能动摇夫人的正妻地位；只是这样的夫妻关系必然是责任恩义大于情感，此夫人“又性好礼，自少至老，对公如宾客”。[3] 万一嫁过来的时候公婆俱已过世，该怎么办呢？那就必须要承认这是一个极大的遗憾，当然，这个遗憾是可以弥补的。南宋史绳祖给他的第二任太太杨氏写的墓志铭，就特别强调了一句：“君念不逮事吾亲，春秋时祀，严毖吉蠲，躬执馈盥。”因为没赶上伺候公婆，所以岁时祭祀，都是格外严肃认真，亲自整治祭品。伺候公婆，是妻子的首要责任。

妻子第二重要的职责是抚养、教育家中的孩子，特别是男孩儿，自己生养当然好，但并非绝对必要，前妻所遗、妾之所生亦可，只要是丈夫的骨血。北宋前期，高氏嫁赵家，前妻遗有五子一女，“夫人煦育教诱，过于己之所出”，高氏又生了四个儿子，活下来两个。培养这七个儿子是高氏最重要的贡献，“夫人每闻诸子之宾至，必解衣为贳酒脯，使延之，从容以讲习道义，故七子皆举进士，有闻于时”。

1 ［宋］范仲淹：《胡公夫人陈氏墓志铭》，见曾枣庄、刘琳主编：《全宋文》卷三八九，上海辞书出版社、安徽教育出版社 2006 年版，第 19 册，第 42—43 页。

2 ［宋］陆游：《夫人孙氏墓志铭》，见曾枣庄、刘琳主编：《全宋文》卷四九四九，上海辞书出版社、安徽教育出版社 2006 年版，第 223 册，第 214 页。

3 ［宋］范仲淹：《胡公夫人陈氏墓志铭》，见曾枣庄、刘琳主编：《全宋文》卷三八九，上海辞书出版社、安徽教育出版社 2006 年版，第 19 册，第 43 页。

图六三：南宋 梁楷（传） 《蚕织图》（局部）

《蚕织图》，传为南宋梁楷绘。绢本设色，长卷，531 厘米 ×27.5 厘米，现藏黑龙江省博物馆。在中国传统社会，通常是男主外、女主内，也就是男耕女织的基本生产模式。《蚕织图》即反映了江浙一带养蚕人家养蚕织布的生产场景。此长卷由 24 个画面构成，场面宏大，布局严谨，从人物面部表情到身体动作，皆栩栩如生，仿佛能听到画面中人物的交谈声与织布机发出的嚓嚓声。图中出现的众多器物与屋舍，皆采用工整严谨的界画方式勾勒，设色古朴淡雅。此局部画面中，我们看到一妇人正忙着织布，旁边还有位娇小的女子正在纺线，女性居家劳作的情形在画中有着生动的呈现。

其中最小的儿子赵概，“自初能言，夫人日自课以书，使调四声作诗赋”。赵概从十七岁开始考进士，父亲死后二十四年，终以高科及第。[1]

妻子职责的第三条是照顾丈夫家的亲戚朋友，包括很难伺候的大姑姐及乡下亲戚。南宋初年，孙氏嫁苏瑑，苏瑑的姐姐“性坚正，善持家法，凡家人必责以法度，不知者以为过严”，只有孙夫人“能事之，则终身怡怡，未尝少忤”。[2] 很多关于夫人的墓志都表扬她们生活简朴，却拿出大把的钱来照应丈夫的寒族。司马光“以为妇人无外事，有善不出闺门，故止叙其事，存于家，庶使后世为妇者，有所矜式耳”。他笔下的夫人张氏可以说是男人心目中的理想妻子：“君性和柔敦实，自始嫁至于瞑目，未尝见其有忿懥之色，矫妄之言。人虽以非意侵加，默而受之，终不与之辨曲直，己亦不复贮于怀也。上承舅姑，旁接娣姒，下抚甥侄，莫不悦而安之。御婢妾宽而知其劳苦，无妒忌心。……平居谨于财，不妄用，自奉甚约，及余用之以赒亲戚之急，亦未尝吝也。”[3]

司马光有道德洁癖，是个正经到骨头里的人，他笔下妻子的形象也是极为端正的。

丈夫为妻子所作的墓志铭，另有两篇比较特殊的：一篇是唐代后期杨劳为夫人郑琼所写的，另一篇是南宋后期史绳祖为夫人杨君樾所写的。两朵奇花，别有真意，值得一表。

杨劳的妻子郑琼，出身一流高门荥阳郑氏，她十九岁嫁给杨劳，三十三岁过世，生了四个女儿，死时长女杨李九岁。如果杨李是她的第一个孩子，那么郑琼是在二十四岁时才生了长女杨李。墓志中有这样一个细节：不知何时，杨劳在外面有了个私生子。杨劳三十

1 参见［宋］苏舜钦：《广陵郡太君墓志铭》，见曾枣庄、刘琳主编：《全宋文》卷八八一，上海辞书出版社、安徽教育出版社2006年版，第41册，第135页。

2 ［宋］陆游：《夫人孙氏墓志铭》，见曾枣庄、刘琳主编：《全宋文》卷四九四九，上海辞书出版社、安徽教育出版社2006年版，第223册，第214页。

3 ［宋］司马光：《叙清河郡君》，见曾枣庄、刘琳主编：《全宋文》卷一二二四，上海辞书出版社、安徽教育出版社2006年版，第56册，第248页。

岁时，这孩子也能满地爬了。杨家上下大概无人不知，单单瞒着郑夫人。有一次，小丫鬟不小心说走了嘴，郑琼知道了外面这个儿子的存在。于是她很大度地赏赐了这个丫鬟，并且说：哎呀，要不是她，就让我的儿子流落在外面了。郑琼对丈夫私生子的称呼是“吾儿”。这个片段是身为丈夫的杨劳记录下来的，他也许此时心怀感激吧。私生子的地位要低于妾所生的庶子，郑琼对这个孩子的接纳应当赋予了他类似于庶子的地位。杨劳说，郑琼早死是因为迷信，在郑琼小时候，有个和尚说她活不过三十岁，所以她的精神一直处在高度紧张中，神经兮兮地念经，做各种莫名其妙的祈祷活动。[1] 杨劳笔下的郑琼除了大度接纳私生子这一点，其实并不太像一个典型的好妻子，在念经上花费很多时间，家政水平和对公婆的服侍肯定不会太理想，又没能生出儿子来。读杨劳的文字，总觉得他的嘴角挂着一丝无可奈何的苦笑。

史绳祖给杨君樾写的墓志，则是另外一种典范。史绳祖和杨君樾算是二婚——史丧妻，杨守寡。他们在一起风风雨雨三十二年，情深义重。史绳祖笔下的杨君樾是平生知己，灵犀相通，生死与共。史绳祖写道：淳祐初年（约 1241 年），我担任四川制置司的参议官。蒙古入侵，大帅逃跑，把兵船物资推给了我。敌人侦察到我的位置，一万骑兵“夹岸而逼”，包围了我军。这时候很多人都想丢下船只和物资上山逃命。只有我的夫人说，现在四面都是贼，上岸也是个死，不如战死。我受夫人的话鼓舞，带领夫人和儿子登船率先冲向了敌阵，最终我们保全了船只和物资。可是后来的大帅妒忌，冒领了我的功劳，有人为我叫屈。可是我的夫人说，保全性命，不辱使命，足了！[2]

在墓志当中，史绳祖始终都用“君”来称呼杨君樾，这个称呼表达了尊重与爱。史绳祖的故事告诉我们，在传统时期，男主外，

1 参见张海艳：《唐荥阳郑琼幕志释文校补》，载《学行堂语言文字论丛》，2014 年，第 201—212 页。

2 参见[宋]史绳祖：《归齐郡宜人杨氏圹志》，见衢州市博物馆编：《衢州墓志碑刻集录》，浙江人民美术出版社 2006 年版。

女主内，分工平等的家庭内部，也可以有志同道合、情深义重的夫妻关系存在。只不过这种家庭结构牺牲了女性的自由，把女性的活动范围局限在家庭内部，女性没有独立的社会身份和事业。北宋末年，孙家有个小姑娘非常聪明，李清照很喜欢她，“欲以其学传夫人”——名满天下的导师李清照主动要求收学生，可结果怎样？这个当时只有十岁出头的小姑娘拒绝了李清照，理由是“才藻非女子事也”[1]。最终，这个小姑娘成了一位贤妻与良母。这是对社会规范的自愿驯服。幸福是非常主观的事情，但社会规范不是，好的社会应当给所有人更多选择的自由。

善事公婆、教养子女、照顾亲戚、和睦家族，是儒家文化中理想妻子的应尽之责。所有这些责任均与丈夫相关联，却并不直接与丈夫发生关系。丈夫与妻子作为男人与女人性的关联，是传统文化有意回避的部分。就算是老婆死了，丈夫悼亡，也要特别强调妻子的贤惠。举两个例子。唐代元稹的悼亡诗：“谢公最小偏怜女，自嫁黔娄百事乖。顾我无衣搜荩箧，泥他沽酒拔金钗。野蔬充膳甘长藿，落叶添薪仰古槐。”[2]宋代贺铸的悼亡词：“重过阊门万事非，同来何事不同归。梧桐半死清霜后，头白鸳鸯失伴飞。原上草，露初晞，旧栖新垄两依依。空床卧听南窗雨，谁复挑灯夜补衣。”[3]元稹的诗和贺铸的词对亡妻的思念都是有关美德的。苏轼的悼亡词《江城子·十年生死两茫茫》中“小轩窗，正梳妆”一句，非常侧面地提到了容颜，已经很了不起了。至于清代沈复《浮生六记》中的芸娘，一切以丈夫为中心，满足了一个落魄文人的一切幻想，却最终遭到夫家驱逐，结局凄惨，也是不难想象的。

1 ［宋］陆游：《夫人孙氏墓志铭》，见曾枣庄、刘琳主编：《全宋文》卷四九四九，上海辞书出版社、安徽教育出版社 2006 年版，第 223 册，第 214 页。

2 ［唐］元稹撰，冀勤点校：《元稹集》卷九《伤悼诗》，中华书局 2010 年第 2 版，第 112 页。

3 唐圭璋编：《全宋词·贺铸·半死桐》，中华书局 1965 年版，第 502 页。

贞节

今天的我们相信，在爱情和婚姻中要保持忠诚，且这种忠诚应当是相互的，不分男女。而贞节却是男权社会对女性单方面的忠诚要求，它强调的是女性单方面对男性及其家族的义务。明嘉靖三十四年（1555 年），杨继盛因弹劾严嵩，被诬陷下狱，谋害至死。在临终前写给妻子张氏的绝笔信中，杨继盛说：妇人家有丈夫死了就一起死的，是因为夫主没留下儿女可以守望，活着没用，所以跟着丈夫去死，这才是“当死而死”，死得重于泰山，这叫“贞节”。倘若夫主死了，身后还有幼女孤儿无人收养，那么这妇人的身上，就肩负了夫主的祖宗祭祀、命脉、一生事业，这当口就死了，那便是抛弃夫主的祖宗祭祀、隳坏夫主的事业、辜负夫主的重托，给夫主的身后遗留下无穷忧虑，这种死法不但是轻于鸿毛的，而且会为众人唾骂，骂她是个不知道理的妇人。

这段话，曾经被学者引用，来说明在明朝的贞节观下，丈夫对妻子生命的漠视。然而，当我们把整篇绝笔信耐心读下来，就会发现其中所蕴含的深情，杨继盛其实是在劝说妻子不要自杀，忍痛苟活。在这封信的最后，他说：我就死了，留得你在，教导我的儿女成人长大，各自成家立计，就当我活着的一般。我在九泉之下也放心，也欢喜，也知感你。如今咱一家无有我也罢了，无有你，一时成不得便人亡家破，称了人家的愿，惹人家的笑。你是一个最聪明知道理的，何须我说千万，只是要你戒激烈的性子，以我的儿女为重方可。

“人之将死，其言也善。”杨继盛对张氏的深情，毋庸置疑。然而他用来劝说妻子苟活的逻辑，又确实是贞节观念所主导的——你的一切都是我的，你的生与死都应当以我和我家的需要为转移；若我无儿女无父母，那你不活也罢；今我有儿女，你自当苟活于世，保全我的血脉。美国电影《泰坦尼克号》，沉船之后，浮冰错杂的海面上，杰克和罗斯只有一块浮板可以容身等待救援，杰克选择松手沉入海底，把生的机会留给心爱的女人，即使这个女人没有怀着自己的骨肉，即使这个女人后来跟别人结婚、给别人生娃，丰富多彩地过完一生。这种情节，杨继盛和他所处的时代是完全没有办法想象的。杨继盛甚至还先后买过两个妾，而所有这些，都无损于他对张氏的深情，因为在极端的贞节观下，这都是说得通的。

那么，如此极端的贞节观念究竟是从什么时候开始的呢？

现代学者有种讨巧的说法，喜欢称“宋明”，将元朝一百多年忽略不计，直接把宋和明连成一片说。比如说到贞节观，最省事儿的说法就是“在宋明理学的影响之下”，出现了“饿死事极小，失节事极大”这样极端的话语。这句话的确是宋朝理学家程颐说的，但是贞节观这个锅，宋朝却不能随便就替明朝背起来。程颐本人主张婚姻的最高理想是男女双方都从一而终，他指的“失节”既包括女性的失节，也包括男性的失节，而非片面责备女性。在实践上，“二程”也并不反对女性再嫁。程颐能够欣赏和赞美女性的学识与才华，他甚至主张，优秀的女子如果找不到合适的伴侣，那么不妨独身。

自从汉代以来，帝制中国的表彰对象之中就有所谓“烈女”“节妇”，且以她们作为女性榜样。但是烈女之“烈”，节妇之“节”，却并不一定与守贞有关，它可以指女性在各个方面取得的特殊成就，比如说善于教育孩子，保持家风。宋代的女性榜样基本上仍然处于这种价值多元的状态，比如包拯的儿媳妇崔氏，就是一位受到朝廷表彰的节妇。

崔氏出身名门，十九岁嫁给包拯的长子包繶，产一子。两年之后，包繶过世。过了四年，他们的儿子夭折。包拯与夫人董氏“以其妙龄”，询问崔氏的心意，劝她改嫁。崔氏誓死不从，继续留在包家，尽孝持家。包拯晚年，得幼子包绶，家中婢妾所生，由崔氏负责教养。几年之后，包拯过世，崔氏扶老携幼从开封搬回包氏的老家庐州。这个时候，崔氏的母亲吕夫人亲自赶到庐州，逼着女儿改嫁自己娘家哥哥的儿子，崔氏护送母亲去见舅舅，取得舅舅的支持之后，又回到了庐州。最终，崔氏为董夫人养老送终，又为包绶选择名师，教养成人；更为难能可贵的是，崔氏甚至还辗转找到了包绶的生母，把她接回包家来，成全了包绶的孝道。民间故事里包公“嫂娘”的原型，应当就是这位崔夫人，只不过她并非包公的嫂子，而是包公的长媳。

为了表彰崔氏，当地地方长官亲自为她作了《节妇传》，朝廷也特事特办，给了崔氏诰封和“旌表门闾”的荣誉。旌表门闾的具体形制不清楚，大体就是在大门口设置特殊的标记，让人一看就知道这是光荣所在，作用接近于明清的贞节牌坊。但是，宋朝的旌表门闾与明清的贞节牌坊，所表彰的东西却有着极大的差别。明清人像看贼一样盯着女性身体，而宋人看到的却是女性对家族和社会的贡献。崔氏的旌表门闾敕书是由苏轼起草的，至今还在，其中最核心的是这一句：“使我嘉祐名臣之后，有立于世，惟尔之功。”让嘉祐名臣留在世上的唯一骨血，成为一个有成就、有操守，让世人称道的人，这是你的功劳啊，尊敬的崔夫人。你的这种精神，将会振作我们的社会风气，“使薄于孝悌者有所愧焉”。嘉祐是仁宗的最后一个年号，也是宋朝人心目中的黄金时代，嘉祐名臣，指的就是包拯。

在改嫁相对自由的风气之下，崔氏两次选择了留守。这是她的主动选择，而非外界所强加。没有人会对她说：丈夫死了，你又没个儿子，不如干脆自杀，跟了丈夫去！自始至终没有人把她的价值绑定在她死去的丈夫身上，崔氏作为一个女人的存在，受到了足够尊重：公婆询问她的心意，如果她愿意，就可以改嫁；母亲逼着她改嫁，是因为心疼女儿年轻守寡；舅舅虽然愿意接纳她做儿媳妇，但最终还是尊重她个人的选择。而崔氏最终选择留在包家，实际上也获得了一片施展才华、有所作为的天地，尽管这片天地只在包氏庭院之内，但是其影响却超出了包氏门闾。这就是宋朝的节妇，她的头顶上没有贞节牌坊，身后也没有贞节观的阴影。

传统社会，父系家族出于血缘纯洁性的考虑，对被视为生育工具的女性的纯洁性有所要求，这是可以理解的，但是走到极端变态的地步，片面强调女子的贞节，将失身视为比失去性命还可怕的事情，反对再嫁，把守节本身当作一项社会工程来抓，是明朝才开始的事情。明朝发明了贞节牌坊这种女性贞节纪念碑，有明一代，见于记载的节妇烈女多达 35 829 人，平均每年 130 人。而清朝人自诩本朝“表彰节孝，旷越前代……偏方下邑，穷檐小户，皆获上邀旌典。是以妇女相奖为节孝者，数十倍于明以前”。

“夫为妻纲最是吃紧”“女人最污是失身”，这样的话就像紧箍咒一样，从明朝开始，一直念到了三十年前。在当下的Me too运动中，有那么多男性站在了受害者这边，男性和女性合力打破了贞节魔咒，共同反抗强权与暴力，建设平等和谐的两性关系。

奇花：程氏不嫁女

在传统时期，“男主外，女主内”“女无外事”，女性生命的价值通常附丽在家庭上——必须结婚，成为妻子，才能在丈夫的成就中与外部世界建立联系；必须生儿育女，成为母亲，才能在丈夫的家族传承中获得现世的承认和死后的追祀，以及在儿子的功业中与外部世界建立进一步的联系。

一个女人在成年之后，倘若不能通过婚姻进入另外一个家族，成为妻子和母亲，她的生命则近乎荒废，死后肉体和灵魂也将无处安顿。武则天晚年，在继承人的问题上心怀犹疑，明明亲生儿子已经备位东宫，却还有数百人上疏拥戴她的侄子武承嗣做太子。最终，李昭德的一席话打消了武则天废子立侄的念头，李昭德说：“岂有侄为天子，而为姑立庙乎？”[1]哪有侄子做了皇帝，为姑妈立庙享祀的呢？陛下想要在死后享受子孙的血食祭祀，就必须立自己的儿子，侄子姓武也没有用——父系传承，子孙奉养和祭祀的是自家的列祖列宗，姑妈是

1 ［后晋］刘昫等撰：《旧唐书》卷八七《李昭德传》，中华书局 1925 年版，第 2855 页。

别人家的鬼，“子曰，非其鬼而祭之，谄也！”[1]姑妈不在侄子的祭祀范围之内，这是制度，是文化，是传统时期人们赖以安顿身心的信仰。通过婚姻和生育成为夫家的祖妣，进入夫家的祭祀序列，从而获得灵魂的安顿，血食永享，这是传统世界中女性生命的终极价值。所以，在传统世界中，婚姻对于女性而言不是选项，而是唯一正确的道路。没有不结婚的女人，只有嫁不出去的女人。

在传统的传奇故事中，像“王子和公主从此幸福地生活在一起”这样西式的结尾是远远不够的，中国传奇的圆满结尾一定要夫贵妻荣、子孙繁衍、婚宦两得才好。比如白行简的《李娃传》，妓女李娃与高门子弟郑生的传奇故事，结尾就非常典型：首先，郑生官运亨通，这是必须的；其次，“李娃封汧国夫人”，这也是必须的；再次，还必须有“绵绵瓜瓞”的内容——李娃生的四个儿子都做了大官，官儿最小的也是个太原尹；哥儿四个娶的老婆都出自高门甲第，郑家的兴隆繁盛，举世无双。唯有这样的结尾，方称得上美满。这其实很像宋朝正常女性的墓志铭：必须要嫁，要孝顺公婆，如果因为各种原因没能照顾公婆，那就恭谨地祭祀追悼；必须要生，儿女双全，福寿绵绵；必须要教，丈夫不幸早逝，寡妻则要承担儿子的教育工作，克服丧夫和贫困所带来的种种困难，为了给儿子寻找最好的学区，要不惜搬家，为了给儿子创造良好的学习环境，要舍得拔下钗环首饰换钱买酒菜款待儿子的学友；必须要亲睦丈夫的亲族，自己的生活可以很简朴，但是丈夫用家中钱财来周济亲戚，则必须舍得，不能吝惜。寡母的自我牺牲，贤妻的含辛茹苦，最终在儿子和丈夫的仕途成功中得到了丰硕的回报，这样的故事，一直是传统时期女性人生故事的主调。

不仅如此，通过儿子和丈夫的舍生取义，母亲与妻子还获得了名垂青史的机会。东汉末年，宦官兴起党锢打击儒生官僚，范滂被捕，

1 ［魏］何晏集解，［唐］陆德明音义，［宋］邢昺疏：《论语注疏》卷二《为政第二》，《十三经注疏》本，中华书局 2009 年版，第 5350 页。

唯一不放心的是母亲，母亲反过来以名节勉励范滂从容就义。“滂母”成为后世贤母爱子以义的典范，“汝能为范滂，吾岂不能为滂母耶？”这样的话，包括苏轼的母亲程氏在内的很多贤母都说过。“岳母刺字”的民间故事里，隐隐然也有“滂母”的影子。范滂与滂母之间的联结已经从血脉、伦理上升到了道义。通过儿子的舍生取义，母亲的生命也得到了升华。丈夫与妻子之间也有类似的关联。明嘉靖年间的忠臣杨继盛被贬陇西狄道（今甘肃临洮），他创办超然书院，购置学田两千亩，以为书院永久之资，还拿出了自己的俸银，又“鬻所乘马，出妇服装”，把自己的交通工具卖了，还卖了老婆的衣服。杨太太张氏对此的真实反应，以杨继盛为主角的记载是不会加以理会的。但是，我们也不能用现代女性的心理来妄意揣度，认为杨太太一定是委屈的。现代婚姻的基本逻辑是两个自由独立的个体间的自愿结合，结婚之后，夫妇之间在经济权力、社会地位等方面仍然有着清晰的你我界限，在现代婚姻之中，人们衡量利弊得失的基本单位越来越倾向于个人。而在传统时期，家庭才是利弊得失的基本计量单位，在家庭之中，男性是核心与主导性因素，女性是依附性因素。所以，杨太太应该是能理解并接纳丈夫要求自己所做出的牺牲的。有时候，女性对大义大节的秉持，会比男性纯粹果决。比如南明的礼部尚书钱谦益，当南明政权覆亡之际，按照钱夫人柳如是的想法，是要夫妇一同殉节的，钱谦益面有难色，如是“奋身欲沉池水中，侍儿持之不得入”。（陈寅恪《柳如是别传》）按照陈寅恪先生的考证，钱氏夫妇后来都投身了反清复明的民族大业，可是在投水殉国的那一刻，柳如是比钱谦益坚决。

“妇人隐德闺门，非遇事莫显”，女性的日常活动的空间是在闺门之内，只有遇到特殊事件，女性的美德才能光大彰显。这就是传统社会所认定、允许的女性价值。传统时期为女性所提供的人生选择空间是极度狭窄的，相夫教子是唯一正途。出家为比丘尼、女道士是不得已的选择。不幸堕入风尘，纵然有千种风情、万般才华，也不过是文人风流的点缀而已。当然，这并不排除某些特殊个体活出不同一般的精彩。这些精彩个体的存在，其实并不具有代表性，无法上升到一般，她们是特殊的奇异花朵。但是，她们存在于黄茅白苇之中，就尤显珍贵，值得褒扬。

奇花之一是程家的女儿，虽然她终身未嫁，却赢得了那个时代最伟大的思想家的尊重与赞美。

宋仁宗嘉祐六年（1061 年）九月初一，江宁府上元县主簿程颢的府上又添了一位姑娘，这是程颢最小的女儿，程颐的侄女，她上面还有两个哥哥和一个姐姐。这一年程颢三十岁，虽然官职卑微，却已是名满天下的学者。四年前，程颢中进士，跟他同年考中的还有苏轼、苏辙兄弟，曾巩和张载，而他们的主考官是大名鼎鼎的欧阳修。程颢、程颐兄弟的学术声誉在程颢中进士之前就已经确立。张载在开封，开办《周易》系列讲座，他坐在铺了虎皮的椅子上讲，众人听得津津有味。一天晚上，程颢、程颐兄弟来旁听，并参与了讨论。次日，张载就让人撤去了虎皮，说：你们还是向程氏兄弟学习吧。当时张载三十七岁，程颢二十五岁，程颐二十四岁，都是在开封准备参加科举的举人，那种追求真理当仁不让的锐气与胸襟，令人感佩。程姑娘就出生在这样一个读书做官的人家，她的父亲和叔叔都是当时最优秀的学者。

程姑娘从小就是一个安静爱思考的孩子。因为是女孩子，所以程家并没有刻意教她读书，只是小姑娘耳濡目染，“自通文义”。到了十六七岁，程姑娘开始谈婚论嫁。“举族爱重之，择配欲得称者。”从宋朝开始，中国进入科举时代，选女婿的最核心标准是能不能读书，科举成功的概率有多大。程家的官位虽然不高，但是学术声望极高，特别是程颢“名重于时，知闻遍天下，有识者皆愿出其门”，而且，从程颢的高祖程羽开始，五代为官，社会关系资源丰厚。按道理讲，选一个能读书、肯上进的女婿应该不难，然而“访求七八年，未有可者”。或许因为程姑娘尊从自己的本心，没有把世俗标准放在眼里，而家人又十分尊重程姑娘的心意，所以一直未能找到合适的人。

二十岁过后，程姑娘成了亲戚朋友眼中的问题人物——“既长矣，亲族皆以为忧，交旧咸以为非，谓自古未闻以贤而不嫁者”。家人甚至曾想找个差不多的人家把她嫁出去算了，然而终是不忍心，“不得已而下求，尝有所议，不忍使之闻知，盖度其不屑也”。二十四岁，程姑娘的母亲过世，在为母服丧期间，她因悲伤劳累，也染上了重病，次年（1085 年）二月初二，程姑娘病逝。她被葬在了洛阳伊川程氏家族墓地，也就是父母身旁。

程颐亲自为侄女书写了《孝女程氏墓志》。志文中，程颐回顾了程姑娘临终前的一幕：姑娘病得很重了，我想这世界上也没有其他东西可以让她开心的，就对她说，你喜欢听道义，就让我再为你讲一讲吧。孔子曰："朝闻道，夕死可矣。"程颐给予侄女的可谓儒家的最高礼遇，像圣人一样，闻道而后死。程姑娘喜欢读书，她的父亲、叔父都是当世大儒，可是在此之前，由于性别限制，她都只能是旁听生，没有听讲的资格。终于，在这一刻，程颐赋予了程姑娘"闻道"的资格。待程颐讲完，侄女说：叔父为什么没早点教我呢？我现在脑子已经不行了。不过我死而无憾了，只可惜没能为母亲完成丧礼。说完，程姑娘让人召来了家中的兄弟和晚辈，嘱咐安抚完毕，溘然长逝。

对短命而亡的侄女，程颐给予了高度评价，他说："呜呼，是虽女子，亦天地中一异人也。如其高识卓行，使之享年，足以名世励俗，并前古贤妇，垂光简册。不幸短命，何痛如之！"对程姑娘的未嫁，程颐也明确地表达了态度："众人皆以未得所归为恨，颐独不然。颐与其父以圣贤为师，所为尚恐不当其意，苟未遇贤者而以配世俗常人，是使之抱羞辱以没世。颐恨其死，不恨其未嫁也。"[1]

"恨其死，不恨其未嫁"，是宋朝大儒对家中未嫁女儿的悲悯。对程姑娘，程颐既有对侄女的怜爱，更有对一个同样高尚的灵魂的尊重之爱。有学者研究汉代女性"过时不嫁"的现象，认为史书中晚嫁的女性，主要包括了贫女、丑女、巫女、宫人，以及残缺家庭的长女等。纵观历史，还有像程姑娘这样自愿选择不将就的。而在芸芸的催嫁父母中，也有像程颐这样赞美、尊重、怜惜不嫁女儿的。这才是真正的爱——希望她好，给予尊重。宋朝人有这样的觉悟，况今日之父母乎。

1　[宋]程颐：《孝女程氏墓志》，见[宋]程颢、程颐著，王孝鱼点校：《二程集》卷一一，中华书局 2004 年版，第 640—641 页。

奇花：女仆张行婆

张行婆虽然是个身世坎坷、地位卑微的女仆，却活出了生命的精彩与尊严。

张行婆出生在一个下级军官的家庭。母亲早逝，父亲继娶，继母是个狠毒的女人，张行婆在七岁的时候就被她卖给了人贩子，人贩子最终把张行婆卖到了尚书左丞范家，范家给张行婆取名菊花，这是个丫头常用的名字，就像冬梅一样。张行婆自此就叫张菊花了吗？我认为不是，她被叫作菊花的时候，已是范家家奴，应当姓范或没有姓，所以她的名字就是菊花。菊花模样乖巧，手脚勤快，范家女儿出嫁时，就把菊花做了陪嫁丫头，菊花跟着范姑娘来到了泗州全家。范家姑娘出身高贵，菊花勤快谨慎，在全家很受器重。

二十八岁那年，菊花跟着太太回娘家，在范家的大门口，她看见了一个瞎了一只眼的卖柴老头，越看越像自己的父亲。一问之下，果不其然。二十一年前的一天，父亲下班回家，不见了女儿，继母说是孩子淘气，跑丢了。父亲疯了一样地冲出去找，却始终未能找到，于是哭瞎了一只眼睛。转过年，皇上大阅禁军，瞎了一只眼的父亲是混不过去的，于是被解除了军籍，变成了普通老百姓。因为没有别的营生，只好卖柴为生。

菊花早已过了出嫁的年龄，如今她找到了父亲，全家就干脆放她自由，让她回家与父亲团圆。父女团圆，狠心的继母该怎么办？按老头的意思，这狠毒的女人就该打一顿赶出去。可菊花说：要不是母亲，我也到不了范家这样的贵人家，母亲是有德于我的。我还有什么可抱怨的呢？如今上天保佑，我重新见到了父亲，我回来却赶走老太太，我怎么能安心呢？听了这话，父亲留下了继母。二十一年过去，当年那个身强力壮、凶起来似乎能把她撕碎的女人，已是一个干巴巴的老太太了，因为没有生下一男半女，又卖了前房所生的女儿，她备受谴责。

菊花回归，三口团圆是好事，但是日子该怎么过呢？父亲已经年近八十，没有收入，没有田产。听父亲说，他当兵之前在潍州老家是

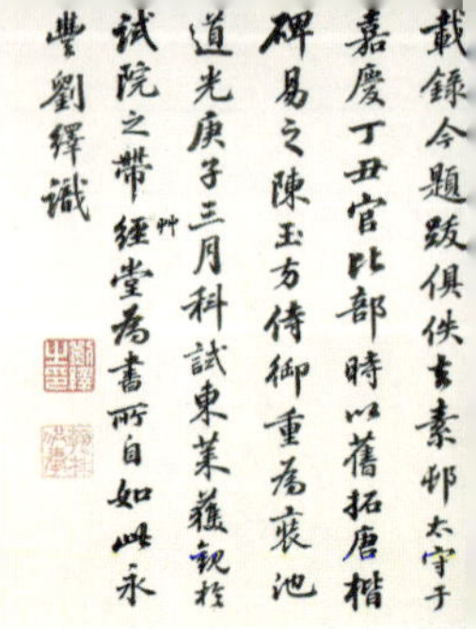

有田地的，只是出来的时间长，田地已被他人霸占。听到这话，菊花二话不说，带着父亲就回了老家，击鼓鸣冤。官司打赢后，张家有了田产，日子就有了着落。不久，父亲便过世了。父亲的过世让继母内心充满了恐慌——当年她卖了幼小的菊花，如今菊花正当壮年，见多识广，连官府都敢进，而她已是垂垂老矣，倘若菊花要报复，她只能任凭宰割。但是，让继母完全没有想到的是，菊花真的像女儿对母亲一样照料了她的晚年。继母的腿不好，稍微远一点儿的路，菊花就背着她，就这样，一直背到了继母过世。

而后菊花选择了结婚，她嫁给了邻近一个很普通的农民，生了一个儿子、两个女儿。没几年丈夫过世，菊花一个人拉扯着三个孩子，终于熬到儿子娶了媳妇，女儿也出嫁了。按照一般故事的人生走向，菊花这时候就该做个有福气的老太太，含饴弄孙，安享晚年，但是她没有。

儿子结婚之后，菊花对他说：我一直是信佛的。咱们这一片有一座古庙，荒废很多年了。我要带领邻居们把它修好，住进去后就“不复为尔母矣”，不再做你的母亲了。

古庙修好，菊花就离开家，成了修行人。而且，她告诫儿子不要到庙里来：庙里所有的是众人的财产，是用来兴修佛事的。如果儿子进进出出，那么别人会起嫌疑之心，不容易讲清楚。在菊花这里，修行之地和世俗之地泾渭分明。

菊花还去看望了故主，她去泗州拜会了全家，又步行几千里到陕州拜会了全家的小姑子，这位小姑子嫁到了陕州夏县的司马家。在司马家，菊花虽然是客人，但是安守女仆的本分，勤俭节约，为年幼的女仆洗头洗澡、缝补衣服，就像对待自己的女儿一样，家里养的猴子和狗，她也每天定时投喂，跟这些小畜生建立了深厚的感情。菊花离开之后，猴子和狗一直伤心地叫，好几天都不肯吃东西。

就是在陕州夏县的司马家，菊花遇到了她的传记作者司马光。司马光的文集之中，只有四篇传记，其中的一篇就是为菊花写的。他遇到菊花的时候，菊花已经步入老年，被人称为“张行婆”，“行婆”

图六四：北宋 王居正 《纺车图》

《纺车图》，北宋王居正绘。绢本设色，69.2厘米×21.6厘米，现藏北京故宫博物院。此画所展现的是两位妇女在互相配合着纺线，其中一位是相对年轻的怀抱幼子的村妇，另一位是老妪。老妪站在稍远点儿的地方，为年轻的村妇牵纺线。在年轻村妇身后，有一个蓬头稚子正在逗玩一只蛤蟆，还有一只小狗在纺车后兀自撒欢儿。从画中人物打着补丁的衣着来看，她们的生活条件并不太好，但老妪和村妇脸上所露出的恬淡的表情，让整个画面看上去宁静、朴素。这与文中讲到的张行婆的人生现状与态度相契合——她并未因眼下拮据的生活现状而显出丝毫的抱怨，而是一直保持淳朴向善的本色。

就是信佛而在家修行的老年妇女。司马光为什么会给张行婆作传？因为他在张行婆身上看到了儒家士大夫都相当缺乏的四样美德——忠、孝、廉、让。在司马光的理解中，张行婆对故主人的深情，是忠；为父亲和继母养老送终，是孝；守护庙产不许儿子随便进入，是廉；对主人家年幼女仆的照顾，是让。司马光是非常纯粹的儒者，对张行婆的佛教信仰，他是看不起的。所以，司马光在传记结尾这样说道：张行婆有这样的美德实属难得，可惜她被浮屠蒙蔽，无法进入儒家的礼义之途。尽管如此，张行婆的行为确实有值得推崇的地方，所以我才敢私下记录她的生平故事。

这其实是司马光的狭隘之处。佛教信仰正是成就张行婆所有美德的基础。比如，她人生最大的悲剧肇始于继母的出卖和欺骗。但是，当她历尽艰辛跟瞎眼的父亲团聚之后，却阻拦了父亲对继母的惩罚，她给父亲的解释，也应当是她用来说服自己的理由——她把得入贵人家为奴婢看作自己的好运气，而继母的出卖则是她进入贵人家的原因，继母的出卖虽然是恶行，却最终导致了好的结果，当她把自己的一生放在佛教的因果链条上去看时，就会得出一个奇怪的结论：继母其实有恩于自己。所以，以佛教徒的善良，张行婆理解并心悦诚服地接纳了她的命运。至于对父亲和继母的照顾，特别是对继母晚年的好，司马光以孝道来解释，我更愿意认为这是种天生的善良。孝道是外在的约束，善良是内在的驱动，也是一种更高级的智慧。

张行婆的结婚和生育，司马光说得太简单，因为这与他所表彰的美德关系不大。张行婆结婚的时候，已经三十多岁了，这在宋朝算是超级大龄。女性没有传承家族香火的责任，普通女性可能会因为生计选择婚姻，而张女士应该是衣食无忧的。她为什么选择结婚？父亲和继母死后，如果不结婚、不生孩子，那她可能会孤独终老，但作为一个虔诚的佛教徒，按理说张行婆应当是不惧怕这种孤单的，可她最终选择了结婚。

丈夫死后，她独自养大三个孩子，帮助他们完成了嫁娶，然后飘然离去，修庙，看守庙产，独自修行，临别之前对儿子说一句“不复为尔母矣”，含笑断尘缘，实在是了不起的潇洒。

我很佩服这个在历史长河中微尘般的张行婆。她知道自己是谁，知道自己要什么，有担当，不畏惧，能接纳，懂感恩，独立又自尊。一个女仆，最终活出了这样的精彩，值得赞叹！

传统时期的男子

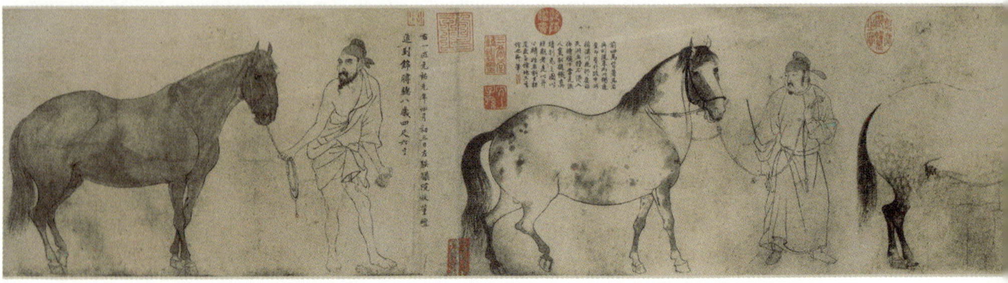

从众还是从心？

与女性相比，男性的人生选择要丰富得多，家庭以他们为核心构建，社会的广阔天地向他们开放。生儿子，以维持家族的生物性延续；扬名显亲，以个人的社会性成就来维系、光耀家族的名誉地位。这就是传统中国对男性的普遍性要求。具体到扬名显亲这一判断标准，其实是比较单一的，简言之就是：要做官。一定要与皇帝国家建立直接的联系，才称得上功成名就；而且做官的标准，越到后来就越趋向狭窄，大致而言，宋朝以后，只有进士出身做文官才是真正光荣的。

2018年，日本东京国立博物馆举办“颜真卿：超越王羲之的名笔”特展，同时展出的还有北宋李公麟的《五马图》真迹，这幅从人们视野中消失了近一个世纪的名画终于重现人间。在这幅长卷的卷后，有一段黄庭坚的跋文：

> 余尝评伯时人物，似南朝诸谢中有边幅者，然朝中士大夫多叹息伯时久当在台阁，仅为喜画所累。余告之曰：“伯时丘壑中人，暂热之声名，傥来之轩冕，此公殊不汲汲也。”

伯时是李公麟的字，李公麟二十二岁中熙宁三年（1070年）榜的进士，五十二岁因病主动请求退休。“南朝诸谢中有边幅者”，指像谢灵运一样有钟灵之气又善于自律的人，这是黄庭坚对李公麟人品的高

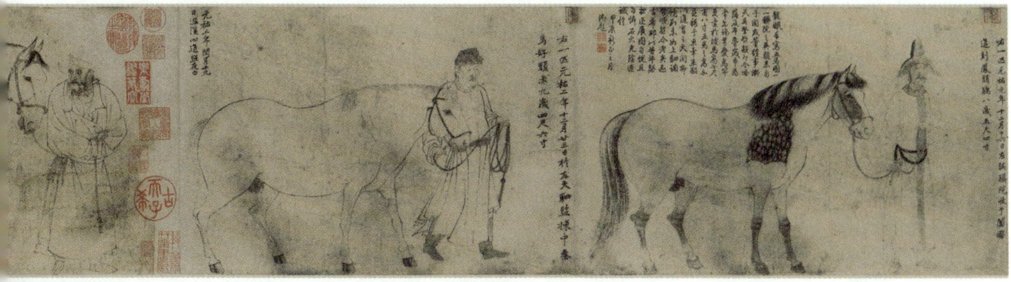

图六五：北宋 李公麟 《五马图》

《五马图》，北宋李公麟绘。纸本墨笔，225 厘米 ×29.3 厘米，现藏日本东京国立博物馆。李公麟工于画马。这幅《五马图》已成为后世画马的最佳范本。图中所画的是五匹从西域进贡的名马，每匹骏马旁有一位奚官（养马人）。这五匹马皆有名字，自左往右分别是：凤头骢、锦膊骢、好头赤、照夜白和满川花。每匹马身后还有黄庭坚的题字，对马的年龄、名字、进贡时间等进行了介绍。李公麟笔下的马身姿矫健、形态各异、形神兼备。这幅画也颇为传奇。2018 年 12 月 16 日，在日本东京国立博物馆举办了一场颜真卿特展，而这幅《五马图》居然列于展中。而此前大家都认为该画早已毁于二战，但它居然在不经意间给了大家一个惊喜。

度评价。这样高贵的人品，假以时日，应当能够做到宰相，可惜李公麟太喜欢画画，最终被爱好所拖累，未能大用。这是当时士大夫对李公麟的爱重和叹惜。作为李公麟的知音，黄庭坚代李公麟告白说，这些世俗之物，伯时是很不在乎的！

是否真的不在乎？李公麟究竟还是去官场中走了一回，他真的是“误落尘网中，一去三十年”，只有生命中的最后五年，在龙眠山庄的隐居生活才完全属于他，属于绘画。宋人邓椿所辑画家列传《画继》卷二，提到李公麟，言其“立朝籍籍有声，史称以画见知于世，非确论也。平日博求钟鼎古器，圭璧宝玩，森然满家，以其余力留意画笔……”邓椿写李公麟，特别强调他“立朝籍籍有声”，只“以其余力留意画笔”，像是在回应“朝中士大夫”的叹息。相比之下，“朝中士大夫”和邓椿的看法才是主流：作为一个士大夫，做官、做大官才是正道，艺术追求可以有，然而必须是“以其余力”为之的业余爱好。

在李公麟的例子中，绘画与做官在价值评判上的高低之分，来自

外部世界，我们没有看到李公麟本人的态度，他能够在五十二岁辞官，应当是爱绘画超过爱做官，我们甚至可以大胆推测，他考进士可能只是因为大家都考，他做官只是因为考中进士的人都做，而他必须证明自己不比别人差。

在唐代大画家阎立本这里，绘画与做官之间的冲突从外部世界进入了内心世界，给画家造成了困扰，甚至影响到了阎家子孙后代人生方向的选择。阎立本最擅长人物写真。有一次，唐太宗与侍臣学士泛舟春苑，水中有奇丽的鸟儿随波容与，太宗大悦，下令在座的学士们作诗吟咏，并立即传召阎立本前来写生，皇帝有命，宫中传呼“画师阎立本”觐见。此时阎立本已经做到了吏部的主爵郎中，堂堂五品官，竟然被称为“画师”。他急匆匆赶来，“奔走流汗”，在水边埋头作画，“手挥丹粉”，遥望御舟之中优哉游哉的各位同列，羞愧得面红耳赤。回家之后，阎立本告诫儿子：“以丹青见知，躬厮役之务，辱莫大焉。汝宜深诫，勿习此末伎。”[1]

阎立本、李公麟们无法想象，千年之后，大浪淘尽风流人物，

1 ［后晋］刘昫等撰：《旧唐书》卷七七《阎立本传》，中华书局 1975 年版，第 2680 页。

图六六：唐 阎立本 《萧翼赚兰亭》

《萧翼赚兰亭》，唐代阎立本绘。绢本设色，158 厘米 ×28 厘米，现藏辽宁省博物馆。此图绘的是萧翼从辩才和尚手中“赚”取《兰亭序》的故事：唐太宗甚是痴迷王羲之的《兰亭序》，于是派人四处寻访。有人说《兰亭序》或在辩才手中，于是唐太宗最终派萧翼去索画。萧翼在与辩才喝茶谈天的过程中与其结为忘年交，而后拿出王羲之的另一幅真迹，抛砖引玉，从辩才口中套出了《兰亭序》的下落，并将辩才拿给他看的《兰亭序》即刻收入囊中，而后拿出了诏书……就这样，《兰亭序》到了唐太宗手中，最终被他带入了昭陵，如今我们看到的只是摹本。此图对辩才与萧翼谈天经过进行细致摹画，画左侧一老一少正烹茶，画右侧一童子怀抱《兰亭序》刚走出来。画作主次分明，虽年代久远，但人物神态惟妙惟肖，清晰可辨，足见阎立本画技之精湛高超。

只有他们还能凭借绘画这门“末伎”被更广阔的世界瞩目。绘画是“末伎”，医药是“治道绪余”[1]，所有与实践有关、需要长期知识积累的技术性行当，在传统的官僚体系中都没有得到应有的鼓励和支持，而帝制国家又不肯把这一部分内容从官僚系统中剥离出去，为它单独设立一个独立于官僚系统之外、与官僚体系基本持平的评价体系，结果就是技术官僚始终处于官僚体系的最下层，专业知识要求高的职位被混杂在普通职位当中，以同样的标准升迁轮转，最终泯然众职，未能建立起技术性职业的尊严，从而阻碍了技术的发展。

阎立本的家族所传承的是建筑专业，绘画只不过是建筑大行当中的一个部分，这就像是现在的建筑设计师都要学线描、画水彩。阎立本的父亲阎毗做过隋朝的殿内少监，“以工艺知名”，阎立本和哥哥阎立德“早传家业”。阎立德曾经主持制作皇帝御服的“衮冕、大裘等六服”，以及“腰舆、伞、扇”，也就是说，阎立本画的《步辇图》上的腰舆，就出自乃兄的设计。唐高祖的献陵、太宗的昭陵，也是阎立德主持修建的。太宗东征高丽，行军至辽泽，“东西二百余里泥淖，人马不通”，是阎立德“填道造桥”，才使大军得以通过。太宗的翠微宫和玉华宫，也出自阎立德的手笔。阎家的祖传技艺包括宫殿和陵寝的营建、桥梁建筑和服饰仪仗的设计制造，不仅有技术的部分，还有组织施工的部分，实在是一个大学问，令人叹为观止。阎立德的工作岗位基本上也保持在专业领域，包括将作监和工部官员，阎立德的最后职位是工部尚书，相当于建设部部长，正三品官。有意思的是，阎立德死后被追赠为吏部尚书，同样是正三品，但是在六部尚书中排第一。[2] 阎立本在兄长生前做过吏部的主爵郎中，在兄长死后接任工部尚书，后迁右相，阎立本比较缺乏政治才干，时人评价他：“唯善

1　[宋]曹孝忠撰：《重修政和经史证类备用本草·序》，见曾枣庄、刘琳主编：《宋代序跋全编》卷二一，齐鲁书社 2015 年版，第 563 页。

2　参见[后晋]刘昫等撰：《旧唐书》卷七七《阎立德传》，中华书局 1975 年版，第 2679 页。

于图画，非宰辅之器。”而当时的左相姜恪“历任将军，立功塞外”，相比之下，阎立本就像是个漂亮的摆设。有人借用《千字文》说：“左相宣威沙漠，右相驰誉丹青。”[1]一个伟大的画家、合格的建设部部长，偏偏要做宰相，这才是自取其辱，然而这终究是时代的产物——帝制时期的官场如同华山，只有一条不断升迁的路。

在宋代以前，当兵还是一个不错的选择；宋代以后，“好铁不打钉，好男不当兵”，从军这条路还可以走，但是所能取得的光荣却日渐稀少。光荣属于文人士大夫，属于科举成功者。可是科举成功者又能干什么呢？无非是做官，做各种缺乏技术含量只有地位高下区分的官，听皇帝命令，看上司脸色，努力做到高官。中国最优秀的男青年的路，就这样越来越窄了。与此同时，男人也收窄了女人的路，当男人开始接纳无条件的忠君，他们要求于女人的，就有了无条件的贞节。清代江南学者，家有田产的，去北京兜一圈儿，早早地退休回家做学问倒是条自由之路。只可惜，他们所钻研的学问，又跟现实世界离得太远，方法是理性的，对象却是疏离的，与自然疏离，与政治疏离，深则深矣，无补于世。

失败者

本节我们讲两个失败者的故事。

赵至生活在魏晋时期，是嵇康的晚辈；王樵生活在北宋，与寇准同时代。这两个人生活的时代相距七百年，彼此之间也没有什么关联。我之所以把他们放在一起，是因为这两个人都是“独特”的失败者。

1　[后晋]刘昫等撰：《旧唐书》卷七七《阎立本传》，中华书局1975年版，第2680页。

赵至在三十七岁那年呕血而死，他死于强烈的不甘心。唐长孺先生有一篇论文，以赵至的身世为核心讨论魏晋时期的士家制度。[1] 在历史学论文中，史料比比皆在，理论也是所在皆有，智慧偶尔闪光，朝廷国家、帝王将相、制度、文化、群体都很常见，最难得一见的，是像你我一样的小人物，以及对个体心灵的关照、对个体命运的同情与思考。唐先生这篇是个例外。而王樵一生最奇异的地方在他生命的结尾——他“设计”并完成了自己的死亡。王樵为自己的坟墓取名“茧室”。在初次读到王樵的故事时，我对他谜一般的作茧自瘗感到新奇和困惑。

在历史学上，能够构成意义、值得关注的普通个人，一定得有他的普遍性价值。这种普遍性的东西，深刻地存在于每个个体生命当中，并在“这一个”特殊的个体当中展现得异常鲜明，让人无法移开眼睛。那么，蕴含在赵至和王樵生命故事背后的普遍性的东西究竟是什么？

按时间顺序，先看赵至。赵至的家当时在河南缑氏，他十三岁时，新县令到任，赵至和母亲一起围观。母亲说：你有一天也能有这样的荣耀吗？听了母亲的话，赵至开始拜师读书。他在学馆，“闻父耕叱牛声，投书而泣”，老师感到奇怪，问他，赵至回答说：“我小，未能荣养，使老父不免勤苦。”这发自内心的孝道，让老师对眼前这个小毛孩儿刮目相看。

十四岁，赵至“诣洛阳，游太学”。在那里，他遇到了名士嵇康，嵇康正在太学抄写石经。赵至追随嵇康不愿离去，终于，他鼓起勇气开口，询问嵇康的姓名。嵇康颇感惊讶地说：小孩子问我的姓名做什么？赵至说：“观君风器非常，所以问耳。”嵇康“身长七尺八寸，美词气，有风仪，而土木形骸，不自藻饰，人以为龙章凤姿，天质自然”[2]，

1 参见唐长孺：《魏晋南北朝史论丛·晋书赵至传中所见的曹魏士家制度》，武汉大学出版社 2013 年版，第 23—28 页。

2 [唐]房玄龄等撰：《晋书》卷四九《嵇康传》，中华书局 1974 年版，第 1369 页。

赵至能够看到嵇康不凡的气度，并不算难得，难得的是赵至的勇气。

从此，嵇康就成了赵至的偶像和渡船。他曾经偷偷跑到洛阳去找嵇康，但刻舟求剑，哪里还能找到。寻嵇康不遇，赵至开始反复离家出走，“走三五里，辄追得之”，被追回来之后他也并不安生，“又灸身体十余处”，用火烧自己。周围人都说这个孩子疯了，怕是要废了。就在人们扼腕叹息时，赵至成功出走，这一年他十六岁。

赵至出走的第一站是邺城，他在那里改名翼。不久，嵇康来邺，赵至与偶像重逢，跟随嵇康回到山阳，改名浚。嵇康死后，赵至辗转“乃向辽西而占户焉”，在辽西，他取得了户籍、身份和地位，成为辽西太守的属官，太守信任他，派他到洛阳去“上计”，也就是代表辽西向中央汇报工作。他又得到冀州刺史的辟举，“断九狱，见称精审”，被推荐为良吏报送中央，再一次回到洛阳。这一年他三十七岁，意气风发，正大步走在人生的上升路段；然而，赵至的生命却在是年戛然而止——“号愤恸哭，呕血而死”。

赵至因永远失去了母亲呕血而死。其实早在他代表辽西来上计那一次，母亲就已经去世。那一次，他见到了父亲，父亲却隐瞒了母亲去世的消息，并且千叮万嘱，让他不能回家。那么，父亲为什么要瞒着他？因为，他的一切都是在隐姓埋名之后获得的，他必须要一如从前假装成别人，才能获得社会接纳。如果要作为他父亲的儿子，做官、建功立业都全无可能——赵至的父亲是一名士兵，而曹魏的士兵是终身和世袭的，父亲当兵，儿子只能当兵。十六岁开始服役是一个坎儿，逃得出去就有希望，逃不出去就成了兵，从此更无其他希望。这就是为什么赵至在接近十六岁的时候装疯卖傻、屡次逃跑——那是他唯一的机会。赵至成功逃跑，成功入仕，建立了个人的荣誉地位。然而，这一切成功的前提，是他必须切断与亲生父母的联系。倘若让人知道他是士兵的儿子赵至，那么对他自己、对他的家庭来说，都将是灭顶之灾。

可是，赵至追求这一切的终极目的究竟是什么？《孝经·开宗明义》云："身体发肤，受之父母，不敢毁伤，孝之始也。立身行道，扬名于后世，以显父母，孝之终也。"儒家所追求的"立身行道，扬名于后世"，并非单纯的个人成功，而是以个人的成功来荣耀父母，是"孝之终"，也是"孝之大者"[1]，是每一个真正的孝子生命的归宿。这就是赵至赖以安身立命的价值体系。偏偏在这个意义上，赵至完全无法抵达真正的成功。他在现实成功的路上走得越远，上得越高，就越发远离他的双亲，越发远离真正的成功，这就如同抱冰取暖。在得知母亲的死讯之前，赵至可以欺骗自己还有行孝机会；母亲的死则宣告了他显亲扬名的彻底失败，他再无机会孝顺母亲，甚至不能公开哀悼。那么，这二十年来的一切隐忍、发奋又是为了什么？赵至的生命丧失了意义，他的死不可避免。

赵至的成功之路，就是死亡之路。而造成这一切的，是他的出身和规范他出身的士家制度，士之子只能为士，因此，为了"立身行道"，赵至只能装疯卖傻，弄虚作假，赵至变成了赵翼、赵浚，这是制度造成的恶。变成了赵翼，赵至逃脱了现实的制度网罗。可是在他头顶的苍穹之上，还有一张更大的网罗——儒家孝道，孝道规定他内心的圆满和真正的成功都必须与父母家族联系在一起。这一张观念的网罗是天罗地网，赵至无法逃于天地之外。当然，如果他是一个没有心肝的人，或者他相信有独立于家族的个人的存在，那么他是可以活下去的，而且会活得很幸福。可是，这种个人主义的人生观要到近代才从西方输入中国。士家制度和孝道观念，就像是两扇巨大的齿轮，咬合在一起，把赵至从心灵到肉身碾得粉碎。一个士兵的儿子，本来是没有资格学习《孝经》的，赵至不仅学了，还信了，并且用生命去实践了。

再来看王樵。王樵是一个被时代潮流抛弃的人。故事的开头，王樵同北宋和平时期的所有书生一样，读书应举，预备走修齐治平的金光大道。他还练剑，会武术，算得上文武双全。这时候，宋和契丹之

1 ［汉］司马迁：《史记》卷一三〇《太史公自序》，中华书局1982年版，第3295页。

间常有小规模军事冲突，战争主要发生在河北边境一带。王樵的家乡虽然离河北不远，但是在黄河以南，对他来说，战争遥远而抽象，可以激发国仇，但并不能引惹家恨。可是这一切忽然发生了逆转。这年正月，契丹的一支小部队渡过黄河，袭击了王樵的村庄，掠走了他的父母亲人。王樵和妻子可能去岳父家拜年了，因而幸免于难，然而这悲惨中的幸运却让王樵和妻子的人生从此跌入了另一场灾难。王樵决定潜入契丹去寻找父母，他抛弃了妻子，史料之中从此再无这个可怜女人的消息。

数年后，王樵的曲折寻亲宣告失败，他回到家乡，为父母亲人造了衣冠冢，立了神主牌位，按照礼制服完了所有的丧服。哀悼是复仇的前奏。王樵逐一拜访边防大帅，献上有关契丹的情报，鼓动出兵，他愿为前驱，一血国仇家恨。但是没有人真正理会他。宋辽之间签订了澶渊之盟，宋朝的皇帝和辽国的皇帝结成了异姓兄弟，朝廷严令，边将不得轻举妄动，破坏协议。和平当然是美好的，官员乐意，百姓安宁。可是，那些在战争中受过伤的人该怎样治疗创伤？在欢庆和平的喜悦中，王樵被朝廷和时代抛弃了。

王樵再次回到家乡，过起了平凡的生活。他还有姐姐，姐姐家有小孩，他逗外甥玩儿，开学馆授徒，闲时读书、击剑。他朋友虽不多，但是质量很高，他们常在一起切磋学问，王樵成了当地闻名的教育家。地方官来上任的第一件事就是拜会王樵，以此来表示重视教育。看得上眼的，王樵礼貌待客；看不上眼的，长官从前门进来，王樵从后院翻墙逃走。

一切都很平静，只是那件曾经最重要的事情被王樵放弃了，那就是参加科举。他放弃了进入朝廷治国平天下的理想。朝廷和时代抛弃了王樵，王樵也不再追随朝廷。晚年的王樵自号“赘世翁”——他早就多余了，当他的国家开始放弃攻打辽进入和平时，王樵就多余了。

晚年王樵费力最多的一件事，就是为自己修筑“茧室”。预知死亡将至，王樵“入室，自掩户，卒”，他缓缓走入亲手建造的坟墓，合上了门，躺平身体，闭上眼睛——光明消失，永恒的黑暗降临，王

图六七：金 杨邦基 《出使北疆图》（局部）

《出使北疆图》，金代杨邦基绘。绢本设色，152.5 厘米 ×26.7 厘米，现藏美国大都会艺术博物馆。此图描绘的是宋金交聘的历史画面，故又名《聘金图卷》。我们看到，全画远处崇山峻岭，一道河谷在雾霭中若隐若现，近处有三棵松树高高矗立，松下有两座亭子，亭子旁边是宋朝的使臣和金兵。从亭子中的桌椅陈设可看出，金人设宴席待客刚刚结束，由此可见，这是宋代官员出使金国的一个画面。而文中所讲的宋与辽之间亦复如是，宋代官员也常出使辽国。这两国于 1005 年签订了澶渊之盟，自此，宋朝皇帝和辽国皇帝结成了异姓兄弟，朝廷严令，边将不得轻举妄动破坏和平协议。追求和平是最好的，但那些在战争中受过伤的人却最终在和平的喜悦中被时代抛弃了。

樵告别了那个让他爱恨交织的世界。在中国人的死亡史上，“茧室”和王樵之死是极为独特的。

王樵的死亡和生命的状态跟赵至是很不一样的。他接受了自己不能左右的命运，同时以自己的方式定义过去，由此保持了个人的独立和自由。当朝廷不再求战，家的过去与国的未来分道扬镳，王樵选择远离庙堂，他优游江湖，投身教育，追求学问，按照自己的方式度过了余生。在内心深处，他知道自己无法与时代对抗；于是，他一手安排了自己的生命和死亡。不能做主的交给时代；能够做主的，从心所欲，而不是随波逐流。正因如此，王樵的生命和死亡才散发出独特的美感。王樵是失败者，也是成功者，他以失败宣告成功。

像赵至一样，像王樵一样，每一个人都会和时代、制度遭遇，程度不同，方式不同，有时激烈，有时温和，我们的时代不再有像赵至时代那样绞杀人性的制度，所以，每个人其实都应该可以像王樵一样，在最恶劣的条件下，也活出生命的精彩和美感来。

图六八：榆林窟第二五窟 吐蕃时期 《弥勒经变中 · 临终》

《弥勒经变中 · 临终》是榆林窟第二五窟的一幅壁画，属于吐蕃统治时期。该壁画所呈现的是老人入墓前与家人临终作别的场景。我们看到，这位头戴黑帽、身穿白衣、手拄藤杖的白须老者，坐在墓穴门口，正与家人作最后的告别。他身旁站着的三位女性表情哀伤，其中一位忍不住以帕拂泪；在老者前面，一名头扎俩小鬏鬏的孩童正伏地跪拜，也是在伤心地拜别；而一旁立着的红衣男子，则伤心地以袖掩面。在泣别图的下方，有古藏文墨书题记一方："此人寿满一纪（八万四千岁），自诣墓茔。"图中入墓老者神情平和淡然，足以看出其已能平静面对死亡。他面对死亡的方式，与文中讲到的自称"赘世翁"，为自己修筑"茧室"的王樵如出一辙。他们坦然地接受生命，也从容地选择死亡，如此面对生与死的态度，也散发着一种独特的从容之美。

任性

《晋书·王衍传》有一段很有意思的记载，王衍尚在襁褓中的儿子死了，山简去吊丧，王衍悲伤得难以自制。山简不以为然，说："孩抱中物，何至于此？"传统时期儿童死亡率高，即便是有着一流医疗保育条件的皇家，皇子与公主夭折仍然是很常见的，所以山简会认为王衍的悲伤超过了正常的限度。王衍回答说："圣人忘情，最下不及于情，然则情之所钟，正在我辈。"山简听了这话，觉得很有道理，为王衍痛哭了一场。"情之所钟，正在我辈"，这句话，后来引用率极高。"圣人忘情"又作"太上忘情"，"圣人"或者"太上"已经超脱了人类的情感，"最下"之人尚未摆脱生存困境，没有资格奢谈感情，但不代表他们没有感情。丰富的感情使人类区别于动物，也使人类区别于人工智能。正是因为有感情因素的存在，人类的选择并不总是能够做到符合理智，符合利益最大化原则。

赵武灵王胡服骑射，名垂千古。可是，谁能想到，这位伟大的改革者、带领赵国走向富强的王，竟然是在自己的国土上饿死的。赵武灵王的一生，兴于理智，死于情感。根据《史记·赵世家》的记载，他是"赵氏孤儿"的第十一代孙，姓赵名雍，少年即位，竟有难得的谦虚从容，听政之初，先向父亲的老臣肥义咨询，给肥义加官进爵。赵武灵王还是一个不慕虚荣的人，他所处的战国时代，封建秩序崩解，诸侯滥用名号，"王"原本是周王的专属，周王孱弱，完全无法掌控局面，"五国相王"，即诸侯彼此称呼对方为"王"。而赵武灵王则保持了高度的清醒，他让赵国人称呼自己为"君"，说：没有实力，怎么敢当那个名义呢？"赵武灵王"是后世对他的称呼。赵武灵王想要的是赵国实实在在的强盛，他审时度势，决定"胡服骑射"。

用今天的话来说，"胡服骑射"就是引进北方先进的军事技术来建设骑兵。华夏各国使用马匹作战的传统方式是车战，四马一车为一乘，衡量国力的方式就是看这个国家有多少辆战车，比如《孟子》曰："万乘之国，弑其君者，必千乘之家；千乘之国，弑其君者，必百乘之家。”北方游牧民族使用马匹作战的方式是骑马射箭，两相比较，当然是直接骑乘的机动性更强，效率更高。赵武灵王想要引进的就是北方的骑射技术。引进骑射必须同时引进与骑射配套的服装，当时华夏族的服装是上衣下裳，上衣相对宽大，裳就是裙子，之所以穿裙子，是因为里面的裤子是开裆的。裆部不合拢的裤子是不能骑马的，骑马要利索，且必须有裆。马镫的使用还要等六百年，没有马镫，骑士整个身体的重量都是压在马背上的，臀部和大腿根部受到巨大的挤压和摩擦，因此，穿合裆裤是必须的。但是，骑射的这套东西都属于“远方蛮夷”之俗，“群臣皆不欲”，阻力极大，怎样才能说服赵国人接受“胡服骑射”呢？

赵武灵王首先说服了自己，并且与老臣肥义统一了思想，获得了实力派的支持，接着，他亲自出马说服自己的叔父、赵国贵族公子成，让公子成带头穿胡服上朝，给贵族做出榜样，于是“始出胡服令也”。有肥义的支持、公子成的榜样，其他贵族的反对就都是小菜了。赵武灵王用来说服公子成等贵族的一番言辞是一流的演讲稿，闪耀着理性的光芒。在他的领导下，赵国建设了强大的骑兵，很快摆脱了被动挨打的局面。赵武灵王十九年（前307年）胡服骑射，二十年，“王略中山地……西略胡地”。“二十一年，攻中山”，占领了中山国的四个邑，“中山献四邑和，王许之，罢兵”。“二十三年，攻中山。……二十六年，复攻中山，攘地北至燕代，西至云中、九原。”中山国仰仗齐国势力，侵赵地、略赵民、夺赵城的怨恨，终于得报。赵武灵王还派得力之臣出使秦、韩、楚、魏、齐，折冲斡旋，看起来似乎在下一盘很大的棋。

但是，第二年，赵武灵王忽然宣布退位，把赵王之位传给了小儿子何，赵何史称“惠文王”。此时，赵武灵王四十出头，正当壮年，身体健康，赵国在他的领导下国力蒸蒸日上。退位不等于退休，这只是赵武灵王所制定的赵国发展战略中的关键性步骤。按照赵武灵王的安排，赵何在即位之后成为赵国的新王，享有赵国贵族的忠诚，“大夫悉为臣”，赵武灵王最器重的老臣肥义做了新王的相国，辅佐新王。

图六九：辽 李赞华 《获鹿图》（局部）

《获鹿图》为辽代李赞华绘，78 厘米 ×24.6 厘米，现藏美国大都会艺术博物馆。李赞华（899—937）本名耶律倍，辽太祖耶律阿保机长子。契丹灭渤海国后，耶律倍被册封为东丹王，辖渤海国旧地。因在弟耶律德光即位后遭猜忌，于 931 年投奔后唐明宗，赐姓名李赞华。他擅画契丹人物，精通音律、医药。此幅《获鹿图》中，一骑马飞驰的猎手正追杀一头飞奔的野鹿。猎手身体前倾，左手持弓，右手似引满而发，骏马绷直后腿全力奔驰，画面充满了动感，极为传神。众所周知，鹿的奔跑速度极快，但再快也快不过猎手的箭——野鹿最终中的。可见马背上的契丹族极善骑射的剽悍战斗力。而早在战国时期，为增强国家战斗力的赵武灵王，就积极引进北方骑射技术，也即军事技术来建设骑兵，“出胡服令”，实行“胡服骑射”政策，最终使得赵国一跃而起，成为足以与他国抗衡的强国。

图七〇：金 张瑀 《文姬归汉图》之胡服骑射

《文姬归汉图》，金代张瑀绘。绢本设色，工笔，147.4 厘米 ×107.7 厘米，现藏台北故宫博物院。东汉末年，董卓作乱，儒学大家蔡邕之女蔡文姬被羌胡俘虏，后被迫嫁于南匈奴的左贤王。自此，在异邦度过了十二年的漫长时光。至曹操当权，才以重金将其赎回。《文姬归汉图》所反映的即是蔡文姬回归汉室的经过。我们从此图的最后部分，可看到一位极为典型的胡人形象：他头戴毛皮帽，身穿毛皮圆领长袍，足蹬短靴，左手握缰绳，右手端苍鹰，侧腰上挎一个箭篓，正骑马急行，一只瘦骨嶙峋的猎狗紧随马侧。借由此胡人形象，我们对“胡服骑射”这几个字就有了更加清晰的认识。

有了大夫的忠诚，肥义的辅佐，赵国内政可以无忧，新王赵何也可以慢慢学习如何治理国家。赵武灵王为自己安排的任务，是主持军事，继续对外扩张。退位之后的赵武灵王自称“主父”——国主的父亲。“主父欲令子主治国，而身胡服将士大夫西北略胡地。”这就是赵武灵王所制定的赵国发展战略，父子协力，有肥义主持内政，后顾无忧，赵武灵王心无旁骛，他将率领这支身穿胡服的骑兵队伍，建立赵国的霸业。

就在这一年，赵武灵王做了一件令诸侯大惊失色的冒险行为。他冒充使者出使秦国，亲自拜见了他的邻居秦昭王。按照司马迁的叙述，秦昭王接见完赵国使者之后，越想越觉得不对，那个身材健硕、仪表不凡的赵国使者，神情举止、谈吐气度实在不像一个臣子，那他究竟是谁呢？难道……秦昭王恍然大悟，大叫一声，赶忙派人去追，可是那个气度不凡的使者已经出境，再也追不上了。赵武灵王为什么要出使秦国呢？因为秦国也是他扩张的目标。他想要亲自观察地形，还想看看秦昭王究竟是一个怎样的敌人。

在这个情节中，赵武灵王向我们展示了他的真性情，他像一个勇敢的少年，敢于以身犯险。我猜想，当他快马加鞭越过边境进入赵国境内的时候，一定会勒住马头，仰天大笑，说不定他还会回望秦国，做个鬼脸。对赵武灵王来讲，这小小的冒险一定是一件有趣的事情。当然，他的性情背后仍然是有理智支撑的，他已经不是赵国的国王，所以，就算秦国人抓住他，也不会影响到赵国的存亡。

赵武灵王不是那种冷静得像石头一样的政治人物，他的内心激荡着热烈的情感。即使是他的"胡服骑射"，背后又何尝不澎湃着对赵国的深情？我们退一步想，其实像"胡服骑射"这样要打破传统、放下优势民族的面子，向夷狄学习的惊世骇俗之举，倘若只有理性的冷静算计，没有激情的推波助澜，是很难迈出关键一步的。凡为大创造者，必有赤子之心。然而这一颗赤子之心，倘若失去了收拾约束，也可能会导致灾难性的后果。

像赵武灵王这样的风流人物，感情生活不可能循规蹈矩、无波无澜。他早年娶韩国女子为妻，生长子章。十一年之后，又娶吴广的女儿孟姚。赵武灵王娶孟姚的起因是一个梦。他在梦里见到一个美女一边弹琴一边唱歌，第二天喝酒喝到开心处，不禁对众臣说起这个绮丽的梦，还描述了"梦中情人"的美丽模样，不胜向往。说者是否无心，我们不知道，听者有意是肯定的。听者之中有一个臣子叫吴广，就把自己的女儿孟姚送来了，模样跟赵武灵王所描述的有过之而无不及。孟姚成了赵武灵王宠爱的女人。孟姚生了一个儿子，就是赵武灵王的小儿子赵何。

赵武灵王娶孟姚发生在“胡服骑射”之前，可见对孟姚的宠爱并未使他变作昏君，相反，得到“梦中情人”很可能对赵武灵王发生了正向的刺激，让他更有激情去做一个开疆拓土的大英雄。他也果然做成了。孟姚在嫁给赵武灵王九年之后过世。赵武灵王对孟姚的爱似乎并未因孟姚的死而减少，至少，短期之内没有。孟姚去世两年之后，他把王位传给了孟姚所生的儿子赵何。赵何只有八岁，是个小朋友，但是没关系，赵武灵王把政治经验丰富的老臣肥义给了他。或者说，赵武灵王是把赵何托付给了肥义，他让肥义当面发誓终生保护赵何，“坚守一心，以殁而世”，还让肥义把誓言记录在籍。这个安排很好。

韩国女子所生的长子赵章，被封到了代，成了异母弟弟赵何的臣子，他的心里当然是不服气的，赵武灵王为赵章安排的辅佐之臣田不礼也不是个善茬，用肥义的话来说，“其于义也声善而实恶，此为人也不子不臣。……此人贪而欲大，内得主而外为暴”。赵章和田不礼的组合一发布，肥义一派就感到危险重重。肥义对他的手下下了严令:“自今以来，若有召王者必见吾面，我将先以身当之，无故而王乃入。”谁能召见赵王呢？只有王的父亲“主父”赵武灵王——虽然已经交出了王位，但是手握军队的赵武灵王仍然是赵国实际的主人。肥义既受赵武灵王之托，发誓效忠新王，他的忠诚、他的心思和他的身家性命，就都与赵何（而不是赵武灵王）捆绑在一起了。

那么，赵武灵王的态度究竟如何呢？他的感情发生了微妙的变化。新王赵何举行大朝会，接受群臣的朝拜。赵武灵王从旁观察，看见长子赵章不情不愿地向弟弟称臣礼拜，一副丧家犬般的委屈模样，他心中生出了怜悯爱惜之意，竟然想要把赵国一分为二，另立赵章为代王，与赵何分庭抗礼。这个计划，如果快刀斩乱麻地实施了，赵国可能会陷入内战，兄弟相争；如果不能实施，那么最好烂在他心里，不让其他任何人知道，哪怕只有一点儿苗头。可是这样不动声色、不宜于口，显然不是赵武灵王的风格。分裂赵国的计划没有实施，但是赵章和赵何两方面都知道了主父的心思——这是最糟糕的结局。从赵何和肥义的角度来说，危险增大，必须提高警惕，甚至如果可能，要先下手为强，但是肥义没有。

从赵章的角度来说，父亲的怜悯增加了他的委屈，田不礼的撺掇赋予了他行动的勇气。赵武灵王和赵何一起巡视到沙丘，分别住宿。赵章果然谋反，假称以赵武灵王的命令召见赵何，肥义果然就像他所承诺的，挺身而出，挡在了赵何的前面，被叛军杀害。其余的人护着赵何击败了叛军。

当这一幕兄弟相残的惨剧发生的时候，赵武灵王就在邻近的另外一座宫殿中，赵章丢盔弃甲，浑身是血跑来求父亲救命，赵武灵王让人开门放大儿子进来。没想到小儿子的军队却包围了宫殿，没奈何，赵武灵王交出了长子。赵何的军队已经没有了退路，他们商量说：我们为了追赵章包围了主父，就算现在解散部队，（只要主父活着）我们就会被杀。于是，他们继续围困赵武灵王的宫殿，并且下令“宫中人后出者夷”；所以宫里面的人就都跑出来了，单单丢下一个赵武灵王，“欲出不得，又不得食”，只好掏窝里的小鸟吃，就这样被围困三个多月之后，大英雄赵武灵王被活活饿死在了沙丘行宫。

在生命的最后时刻，赵武灵王究竟都想了些什么呢？三个多月的艰难挣扎，让他有充裕的时间反观自己的一生。作为赵国的王，他足以告慰列祖列宗。作为父亲，他爱两个儿子，王位只有一个，他给了赵何，因为他更宠爱赵何的母亲，既然给了赵何，名分已定，就应该像肥义一样，“坚守一心，以殁而世”。可是他又因为赵章的委屈而动心，最终葬送了赵章的性命和他与赵何之间的父子之情。每一个人的情感都应该由他自己去满足，旁人只能疏导帮助，却无法让那一颗躁动的心得到安宁。赵何是一个人，赵章是一个人，赵武灵王是另外一个人，尽管他们是父子。可惜，这样的道理，过于自信的赵武灵王是不能明白的。他一手安排了赵何的即位，他以为自己也可以亲自动手满足赵章的欲望。天下父母之糊涂，大概如此。

鼠辈

《史记》对李斯生命历程的描述，是从两只老鼠开始的。年轻的李斯在故乡上蔡做小吏，看见两只老鼠。一只住在机关宿舍的茅厕之中，吃的是脏东西，每当有人和狗走进，都会惊恐地逃窜。另一只住在粮仓之中，吃的是粮仓里积存的小米，在高大的屋檐底下活动，很少受到人和狗的打扰。李斯于是感叹说："人之贤不肖，譬如鼠矣，在所自处耳！"一个人所处的地位决定了这个人是好还是坏，这就是李斯从两只老鼠身上得到的启迪。他的贤、不肖的标准是外在的地位，而不是内心的安宁，李斯没有一个独立于权势地位之外的自主的高洁人格。

老鼠的启示贯穿了李斯的整个生命历程。他永远都在向上爬，为了把自己摆在一个更有利的位置，不惜付出任何代价，在李斯的心中，除了外在权势，没有什么是永恒的，是值得坚持的，他总是在调整自己的姿态，如何调整？就看风朝着哪个方向吹，利益的天平向哪边倾斜。

法家李斯最初的老师，却是大儒荀子。荀子主张路径与目标都要符合仁义，"行一不义，杀一无罪，而得天下，仁者不为也"。在荀子的心中，真理高于权势地位，"从道不从君，从义不从父，人之大行也"。对于老师的这一套，李斯是不以为然的，他更看重权势。他曾经以秦国的发展历程为例，向荀子提出质疑：四代秦王以来，秦国以优势兵力逞强于海内，威势横行凌驾于诸侯，这都不是靠仁义得来的，而是逐利而行的。不仁义的战争，为秦国带来了相对于六国的压倒性的优势地位。仁义有什么用呢？当然，我们必须承认，李斯对当时形势的判断是准确的。最终，他决定告别荀子，投奔当时最强大的势力——秦国。

临别之际，李斯有一番自我剖白：没有比地位卑贱更可耻的，没有比穷困更可悲的。一个人长期处在卑贱的地位、困苦的境地，却非议世道、厌恶名利，自称无为，这不是一个士该做的。我要西去，游说秦王。

李斯告别了荀子，也彻底告别了儒家的仁义，他带着荀子教给他的有关法令制度方面的知识，走向了秦国，彻底倒向了法家。

在秦国，李斯发展得很好，到公元前 221 年，秦始皇统一中国建立帝制的时候，李斯已经做到了廷尉，主管刑狱，紧接着，他准确地把握了秦始皇的需求，在有关地方治理方式的大讨论中及时地站在了秦始皇一边，从而爬上了丞相的高位。“皇帝”这个名号是秦始皇的发明，然而“皇帝”绝对不只是一个新名号，而是一种新型的国家制度和社会秩序，其本质就是皇帝的独尊专制。皇帝已立，那么，皇帝究竟应当怎样统治这个版图空前广大的国家？是全面推行新制度，也就是郡县制，还是回到传统实行分封制，又或者因地制宜，郡县与分封并行？这是当时国家所面临的一个关键问题。

丞相王绾首先提出的是一个郡县加分封的方案，在大多数地区实行郡县制，在远离政治中心的新占领区，比如燕、齐、楚的故地实行分封制。秦始皇下令群臣展开讨论，结果是“群臣皆以为便”，唯独李斯表示反对，最终，秦始皇做出决定：“廷尉议是。”李斯的意见是对的。一锤定音，确立了秦帝国的地方治理方案——全面推行郡县制。

那么，为什么只有李斯一个人彻底反对分封？因为李斯看到了秦始皇的内心。秦始皇是法家的忠实信徒，他坚信人性绝对的恶，坚信每个人都是自私自利、彼此算计的，君臣之间、父子之间，没有谁靠得住。他心中早有定论，之所以把王绾的建议开放讨论，就是要试探群臣的反应。这场有关郡县制的讨论，表面上讨论的是地方治理的问题，实际上却是秦始皇对官僚思想倾向的试探。只有李斯一个人给出了正确答案。果然，八年之后，李斯已经成为宰相，而王绾，可能早已被打倒消灭。八年之后，李斯又建议焚书，开启了中国历史上第一次文化大浩劫。焚书的第二年，又出现了坑儒事件，坑儒的主导是秦始皇，但是李斯显然是无条件支持的，否则，李家的富贵不可能抵达那样的巅峰。

在整个咸阳，皇帝一家独大，接下来大概就是李斯家了。他的儿子娶的都是公主，女儿嫁的都是公子。大儿子李由担任三川太守，回家探亲，李斯大宴宾客，咸阳城里像样儿的官员都来了，门口停了一千辆车，真真是富贵至极。

秦始皇的丞相和其他高官的结局大都不好，而李斯算是一个例外，他的富贵比秦始皇的统治长久。公元前 209 年，秦始皇病死在第五次出巡的归途之中，跟随他出巡的最高级别的官员就是丞相李斯。关于这一现象，其实不太好直接解释为秦始皇至死都信任李斯，因为秦始皇无法预见并且不愿意面对自己的死亡。我们只能说，秦始皇一直都相信他是可以控制并有效使用李斯的。然而，秦始皇一死，李斯的地位就变得至关重要了。始皇帝临终遗嘱，让镇守北边的长子扶苏回咸阳来主持葬礼，换句话说，秦始皇的意愿是要扶苏回来继承大位。但是，这道命令在秦始皇生前并未公布于众，而且，承载着这道命令的公文落在了符玺令赵高的手里，赵高是始皇幼子胡亥的支持者，而胡亥是秦始皇身边随行的唯一皇子。赵高想要扶立胡亥，必须先过李斯这一关。

李斯知道秦始皇的心意，也知道那封始皇遗命的存在，我们虽然不知道当时始皇卫队究竟掌握在谁手里，但是从道义上讲，李斯应当遵照始皇遗嘱办事。可赵高一席话就让李斯的立场发生了动摇，赵高说：您觉得您的能力比得上蒙恬吗？您的功劳比得上蒙恬吗？您比得上蒙恬深谋远虑、万无一失吗？您比得上蒙恬得天下人心吗？长子扶苏对您的信任又比得上他对蒙恬的信任吗？

蒙恬是秦国的大将，此刻正与扶苏一道镇守北边，扶苏即位，蒙恬是当仁不让的第一辅佐，到时候，李斯必然要靠边站。一边是始皇的遗命，一边是个人的富贵，李斯陷入了沉默。赵高又进一步，乘胜追击说：我在秦国混了二十多年，从没见过罢免了的丞相、功臣能够维持两代荣华的，都是被杀的。扶苏要是当了皇帝，必然会用蒙恬做丞相，到时候你是不可能封侯还乡、富贵终老的，这是明摆着的。扶苏不如胡亥仁慈厚道，好打交道。

这一番话说到了李斯的心里，于是，他羞答答、半推半就，跟赵高结盟，以始皇帝的名义下诏，立胡亥为太子，勒令扶苏自杀，蒙恬赐死。

在这个关键时刻，我们看到了法家的悲哀——单方面依靠权势地位实行专制统治，蔑视道德建设，在上者一朝得大位、权在手，便把令来行，令行禁止，好不威风快意，然而一旦人去权散，则半点儿影响都不能残留。当初商鞅如此，而后的秦始皇又是如此。在下者唯上命是从，无论对错，无论是非，在权势的威压之下，他们战战兢兢地揣测，亦步亦趋地服从，目的就是让自家富贵。无论在上还是在下，一切以势力为转移，无所谓是非，无所谓良知。

为了自家富贵，李斯站到了赵高一边，跟赵高一起拥立了胡亥，胡亥上台之后，为了自身统治的安全，对蒙氏家族和兄弟姐妹痛下杀手，自毁长城。同时糊涂地认为恐怖才可以令统治长久，贤主就应当穷奢极欲。胡亥给李斯出了个难题，让他从理论上论证一个好皇帝是可以穷奢极欲而安天下的，二世的逻辑是：一个人假如连让自己享福都做不到，那怎么可能让天下人都过上好日子呢？这样的文章，李斯竟然做了，做得一本正经。他说：贤明的君主就是要独断专行，不受任何束缚，怎么办？要善于运用“督责之术”，发现罪犯，重刑处置。俗话说，慈母有败儿，严厉的惩罚之下没有不听话的人，一个贤明的君主就是要做到轻罪重罚，那就没人敢犯重罪了。为了做到这些，一个贤明的君主必须要远离节俭仁义的人、喜欢讲道理提意见的人、动不动就用生命来威胁君主的人，要用权术来控制臣子，大权在握，独断专行。只要督责之术玩得溜，想要什么有什么。群臣、百姓一天到晚惶惶不安、唯恐得罪，哪里还敢想别的？

李斯答应做这篇文章的理由，司马迁说是因为他的儿子李由没能抵挡起义大军，朝廷正在追查，李斯也将受到牵连。无论怎么说，我都觉得这个情节荒唐极了，怎么会有二世这么糊涂的人呢？竟然相信穷奢极欲能够安天下。而李斯竟然也写得出这样违背人性的牵强文字？曾子曰“君子恶居下流，天下之恶皆归焉”，像二世这样少年即位的亡国之君，被抹黑是很正常的，更何况司马迁所处的又是推翻秦朝的汉代。年代久远，史料匮乏，二世想要翻案，恐怕是不容易了。著名的亡国之君当中，隋炀帝的案基本上算是翻过来了，现代学者承认隋炀帝雄才大略，但是没搞好统治阶级内部的关系，又穷兵黩武，给老百姓造成了伤害；艺术家宋徽宗赵佶的案子，到今天为止，基本上也只能一分为二：艺术的归艺术——我们承认他是天才，政治的归政治——当皇帝真不行，穷奢极欲倒是真的。在赵高的主持、李斯的纵容之下，二世的荒唐走向巅峰，他躲在宫里不出来，成了赵高的傀儡，而赵高则把黑手伸向了曾经的盟友李斯。

二世最终相信，李斯背叛了自己。公元前 208 年，李斯被判处在咸阳市上公开腰斩。跟他一起被送往刑场的，还有他的二儿子，父子两人都被捆着，李斯看着儿子，说：我现在想跟你一起牵着黄狗从上蔡东门出去追兔子，还能够吗？这是李斯留在世上的最后一句话，他回忆起在上蔡牵狗逐兔的快乐，那么上蔡的那两只老鼠呢，他是否还记得呢？也许不记得了，也没必要记得，那两只老鼠早就成了李斯生命的一部分。他一辈子都努力成为仓库里的老鼠，却没想到，一只老鼠，不管是在厕所里，还是在仓库里，都只是一只老鼠。